Margarethe Amelung

Fünf Grass'sche
Jahreszeiten

Margarethe Amelung

Fünf Grass'sche Jahreszeiten

Von dem Mädchen,
das immer so leicht errötete

Herausgegeben von Manfred E. Berger

Mit 31 Abbildungen

Langen*Müller*

Bildnachweis:
Sämtliche Fotos stammen aus dem Privatarchiv der Autorin, bis auf:
S. 114, © Foto von Hans Rama, Berlin

Besuchen Sie uns im Internet unter
www.langen-mueller-verlag.de

© 2007 Langen*Müller* in der
F. A. Herbig Verlagsbuchhandlung GmbH, München
Alle Rechte vorbehalten
Umschlaggestaltung: Atelier Sanna, München
Satz: C. Schaber Datentechnik, Wels
Gesetzt aus der 10/12 Punkt Garamond BQ
Druck und Binden: GGP Media GmbH, Pößneck
Printed in Germany
ISBN 978-3-7844-3123-9

Nach vierzig Jahren ...

Anfang Dezember 2006 hielt Günter Grass eine Lesung im schleswig-holsteinischen Bad Oldesloe. Er las zwei Kapitel aus seinem neu erschienenen Buch »Beim Häuten der Zwiebel«.

Es gab viel Beifall. Und danach Gedränge. Bald bildete sich eine Schlange von Wartenden. Das neue Buch in den Händen, erbaten sich dankbare Zuhörer ein Autogramm.

»Würden Sie bitte auch meinen Namen dazu schreiben?«

»Wie heißen Sie denn?«

Grass kam den Bitten freundlich und geduldig nach. Ich hatte mich mit meinem frisch erworbenen Zwiebel-Exemplar ganz hinten angestellt. Begrüßte ihn, wie ich es bei ähnlicher Gelegenheit auch früher schon getan hatte.

»Ich bin die Letzte. Guten Abend, Herr Grass!«

Sein Blick löste sich vom Tisch, er schaute mich an. Er freute sich sichtlich. Seine Erinnerung war gut.

»Ja, ja, die kleine Margarethe, die immer so schnell rot wurde.«

»Das ist auch heute häufig noch so.« Ich konnte nur lachen.

»Sie waren doch die Pastorentochter mit den vielen

Geschwistern. War das nicht ein Schock für Sie, damals, das Leben in unserer Familie?«

Nein, ein Schock war es für mich nicht gewesen. Wahrscheinlich schon deshalb nicht, weil ich aus eigenem Familienerleben an manch Ungewöhnliches gewöhnt war.

Nun, damals, so Mitte der Sechziger, war ich – aus der Provinz kommend – als »Haustochter« oder Haushaltspraktikantin für fast eineinhalb Jahre bei der Familie Grass gelandet.

Ich war sechzehn, siebzehn Jahre alt.

Als ich nach der erneuten Begegnung mit Günter Grass mein jahrzehntealtes Manuskript wieder zur Hand nahm, wurde alles von damals lebendig. Und der achtzigste Geburtstag von Günter Grass ist mir Anlass, ihm meine Erinnerungen an diese für mich so wichtige Zeit zu widmen. Ihm und Anna Grass. Ihnen verdanke ich einen gelungenen Übergang aus meiner engen, fast noch Kinderwelt in eine andere, die mich offen machte für all das, was das Leben dann bereithielt.

Herkunftsfamilie

Es war erst ein knappes Jahr vergangen, seit mein Vater aus französischer Gefangenschaft zurückgekehrt war und ich in Göttingen geboren wurde. Im Gefangenenlager hatte er als Pfarrer so lange pflichterfüllend ausgeharrt, bis alle deutschen Kriegsgefangenen nach Hause entlassen worden waren.

Ein halbes Jahr nach meiner Geburt übernahm er die Pfarrstelle seines Vaters in Mellendorf bei Hannover. Mein Großvater wurde pensioniert und lebte mit

Die Großeltern Margarete und Ernst Amelung

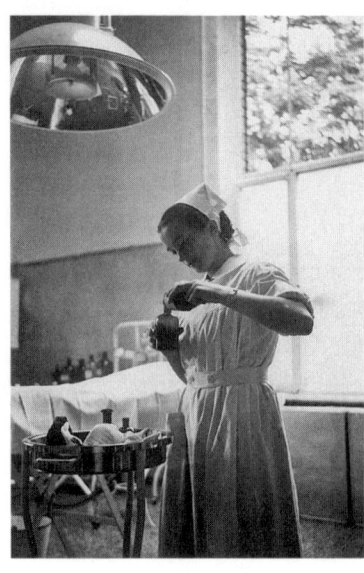

Margarethe Amelungs
leibliche Mutter Thea

meiner Großmutter zunächst weiter im Haus. Üblicherweise sind alte Pfarrhäuser sehr geräumig.

Aufregende, aber auch interessante Jahre hatten meine
Großeltern vor dem Ersten Weltkrieg in einer Dias-
pora-Gemeinde in Rumänien verbracht. Mein Vater
erblickte in Constanza das Licht der Welt.

Wenn ich heute alte Fotos von »Großeltern« betrachte, kommen mir diese Menschen in ihrer dunklen Kleidung meist sehr streng vor und fremd, fast
etwas finster. Ein Lächeln oder gar ein Anflug von
Fröhlichkeit sind selten zu entdecken. Dagegen sind
mir meine Amelung'schen Großeltern als ausgeglichen, harmonisch und den Familienmitgliedern liebevoll zugewandt in Erinnerung.

Ich sehe mich noch als kleines Kind auf dem Schoß meines Großvaters an seinem Schreibtisch sitzen. Von seiner Hand geführt, malte ich mit einem Bleistift: Punkt, Punkt, Komma, Strich – fertig ist das Mondgesicht!

Meine Eltern, mein vier Jahre älterer Bruder und ich konnten in das Mellendorfer Pfarrhaus einziehen, Platz gab's noch immer genug.

Zwei Jahre später, nach der Geburt meines zweiten Bruders, starb meine Mutter, Thea, an einer Embolie.

Es war ein riesengroßer Schock für die Familie.

Damals gerade zwei Jahre alt, erinnere ich mich nicht an dieses traurige Ereignis, habe auch keine bewusste Erinnerung an meine Mutter. Mir wurde später erzählt, dass ich am Tag der Beerdigung einer Tante im großen Garten entgegenrief: »Mutti schläft im Konfirmandensaal!«

Das war ein großer Raum im Haus, der für den Konfirmandenunterricht und andere Gemeindeveranstaltungen genutzt wurde und in dem meine Mutter aufgebahrt war.

Die Ehe meiner Eltern war wohl sehr glücklich. Sie durfte aber, durch die kriegsbedingte Trennung und den frühen Tod meiner Mutter, leider nur wenige Jahre gelebt werden.

Auch meine Mutter kam aus einer christlich orientierten Familie mit fünf Geschwistern.

Ihr Vater war Lehrer und Diakon gewesen. Nach einem Aufenthalt in der Mission in Afrika leitete er ein Waisenhaus auf die damals erzieherisch sehr strenge Art.

Er starb eines gewaltsamen Todes.

Er lag tot im Wald.

Der später ermordete Großvater Feldmann mit Familie

Erschossen.
Aufgeklärt wurde das nie.

Mein Vater fand eine neue Frau und eine Mutter für
seine drei kleinen Kinder. Christiane, die ebenso einer
Pastorenfamilie entstammte und – erst achtzehnjäh-
rig – ihre Mutter verlor. Sie war Krankenschwester – so
wie es meine leibliche Mutter auch gewesen war.

Christiane sah und sieht noch heute diese Wen-
dung ihres Lebensweges als glücklich-schicksalhafte
Fügung an. Vor der Hochzeit träumte sie eine Begegnung mit meiner ersten Mutter, bei der sie versprach,
den drei Kindern eine liebevolle Mutter zu sein.

Das ist ihr wunderbar gelungen.

Diese Aufgabe stand bei der Verbindung zu meinem Vater dann tatsächlich an erster Stelle. Aber aus der anfänglichen Fremdheit dieser beiden Menschen erwuchs eine erfüllte Liebe, die unser Familienleben geprägt hat.

Als unsere neue Mutter nach der Hochzeit ein Jahr bei uns war, brachte sie ihr erstes Kind zur Welt, eine Tochter. Ein Jahr später kamen Zwillinge dazu, also noch eine Schwester und ein Bruder.

In kürzester Zeit hatte sie sechs Kinder zu versorgen, in einem Pfarrhaus, das selbstverständlich auch noch offene Türen für Menschen außerhalb der Familie hatte. Nach weiteren vier Jahren kam mein jüngster Bruder zur Welt, sodass wir seitdem sieben Geschwister sind. Ich war besonders zart und klein.

Die Mutter Christiane

Zwei Jahre alt:
die Autorin

Mein Vater begab sich schon auf die Suche nach einer Medizin, die mich an Größe und vielleicht auch an Umfang etwas zunehmen lassen sollte.

Meine Mutter wusste deren Einsatz vernünftigerweise zu verhüten.

Im Übrigen wurde die ganze Familie möglichst mit Hausmitteln, homöopathischen Tropfen und guter Ernährung gesund gehalten.

Als Älteste von sieben Geschwistern gelangte ich automatisch in die Rolle des »einsichtigen, vernünftigen und jederzeit hilfsbereiten Familienmitglieds«. Sollte mir später meine Position in der Grass-Familie Schwierigkeiten bereiten?

Eigentlich war ich doch bestens vorbereitet!

Eines Tages wechselte mein Vater die Pfarrstelle. Das

alte Fachwerkhaus in Mellendorf war renovierungsbedürftig und platzte mit der großen Familie nun doch aus allen Nähten, obwohl meine Großeltern schon ausgezogen waren.

Es ging in die Stadt, nach Osnabrück, zur großen St. Katharinenkirche, wo mein Vater eines der drei ansässigen Pfarrämter übernahm.

Damals war ich zwölf Jahre alt.

Ein guter Zeitpunkt, Abschied zu nehmen vom weitläufigen Pfarrhausgarten, der alle Freiheiten geboten hatte zum Spielen und Herumtoben mit den Nachbarskindern.

Da die Großeltern inzwischen in Hannover lebten, hatte ich auf Besuchen die Atmosphäre einer Stadt geschnuppert und freute mich sehr darauf, aus der dörflichen Idylle auszusteigen und einzutauchen in ein »aufregendes« Stadtleben. In Osnabrück war schon allein auf der Straße viel mehr los, es gab viele Geschäfte, überall waren Menschen, alles war neu.

Diese Erfahrung, in einer Stadt zu wohnen, kam mir schon zugute, als ich mich einige Jahre später im viel größeren Berlin zurechtfinden musste.

Noch eine Erfahrung brachte ich mit nach Berlin. Ich kannte das Erlebnis gemeinsamer Mahlzeiten an einem immer voll besetzten Mittagstisch. Ein gutes Dutzend Menschen saßen bei uns täglich rund um ihn herum. Und das zu allen Jahreszeiten.

Auch meine Großmutter, die nach dem Tod meines Großvaters bald zu uns nach Osnabrück zog, gehörte wieder dazu, und, wie schon in Mellendorf, ein Hausmädchen. Meistens waren es junge Frauen, die aus auf unterschiedlichste Weise belasteten Verhältnissen kamen oder Waisen waren. Meine sozial engagierte Mutter fühlte sich auch diesbezüglich berufen. Zeitweise waren es auch junge Haushaltspraktikantinnen, die Erfahrungen in einer mit Kindern gesegneten Familie sammeln mussten. Dies war Vorbedingung für eine Ausbildung zur Kindergärtnerin.

Mit dem Haushalt und den vielen Kindern war meine Mutter von früh bis spät im Einsatz und brauchte unbedingt Unterstützung.

Zusätzlich bildete mein Vater Vikare aus, die damals noch ganz selbstverständlich mit im nun wirklich großen Pfarrhaus lebten. Und sonntags war oftmals noch die Verlobte des jeweiligen Vikars eingeladen. Sie alle fanden am mehrfach ausziehbaren Esstisch Platz.

Die Mahlzeiten wurden von anregenden Gesprächen begleitet, jedenfalls als wir Kinder etwas älter waren.

Es ging meistens fröhlich und humorvoll zu.

Dass so ein junger Mann, ein Vikar, mit im Haus lebte, war für uns Geschwister recht willkommen. Mit ihm konnten wir auch herumalbern, ihm eine Drahtbürste unter das Bettlaken stecken oder ihn auf ähnliche Weise ärgern. Natürlich hielten wir uns zurück, wenn er seine erste Predigt vorbereiten musste, die von der Kanzel in der großen Kirche zu halten war. Denn wirklich schaden wollten wir ihm nicht.

Vierzehn Zimmer, glücklicherweise auch mehrere Bäder und Toiletten, ließen uns alle gut zusammenleben,

Mutter Christiane, Vater Helmut Amelung – und sieben
Kinder (Margarethe Amelung rechts außen)

aber auch jeden nach Wunsch für sich allein sein. Ein
großes Treppenhaus, geräumige Flure, das Büro des
Pfarramts und das »Allerheiligste«, das Arbeitszimmer
meines Vaters, gehörten ebenfalls dazu.

Meine Eltern hatten kein Auto. Es hätte sowieso ein
kleiner Bus sein müssen bei der großen Anzahl der Fa-
milienmitglieder. Aber klein oder groß – für einen Wa-
gen hatten meine Eltern damals einfach kein Geld.
Mein Vater pflegte zu sagen: Der Mercedes der Familie steckt in den Zähnen der Kinder. Wir wurden not-
wendigerweise, bis auf den ältesten und den jüngsten Bruder, vom Kieferorthopäden mit korrigierenden
Zahnspangen ausgestattet, für die mein Vater damals
wohl üppig draufzahlen musste. Im Alltag ging es dagegen sehr sparsam zu.

15

Hausmusik im Pfarrhaus

Immer war Musik im Haus, denn alle Kinder erhielten im gegenüberliegenden Konservatorium Unterricht. So schwirrten täglich Gitarren-, Cello- und Flötentöne durchs Haus, ebenso wie Geigenspiel, Trompetenschall und Klavierakkorde.

Musik war für uns selbstverständlich und gehörte zu unserem Leben. Bevor ich täglich Klavier übte, überprüfte ich, ob mein Vater zu Gemeindebesuchen oder zu einer Beerdigung unterwegs war. Ich hätte ihn sonst bei seiner Arbeit stören können, weil das Klavier direkt an der Wand zwischen Wohnzimmer und Amtsstube stand.

Jeden Abend sang meine Mutter mit uns Kindern mehrstimmige Lieder, die sie uns im Laufe der Zeit beigebracht hatte. Daraus ergab sich, und das nicht nur zur Weihnachtszeit, dass wir Pastorenkinder bei vielen Gelegenheiten das Gemeindeleben musikalisch begleiteten. Auch in der großen gotischen Katharinen- kirche haben wir oft gesungen.

Wir wuchsen auch damit auf, dass, manchmal na- hezu täglich, »Wermutbrüder«, wie sie von meinen El- tern genannt wurden, an der Haustür klingelten, die immer behaupteten, sie seien auf der Durchreise und benötigten etwas Geld zur Weiterfahrt mit der Bahn, um hierhin oder dorthin zu gelangen. Geld erhielten sie zwar nie, aber immer etwas zu essen, wenn sie Hunger hatten. War es zur Mittagszeit, bekamen sie etwas von unserem Essen ab. Zum Beispiel von der Gemüsesuppe am Sonnabend. Einmal fanden wir die Suppe in unserem Briefkasten wieder. Vermutlich hatte ein angeblich hungriger »Wandersmann« unsere Mahl- zeit als zu dürftig empfunden.

Sonnabends gab es immer eine Suppe, und anschlie- ßend sorgte mein Vater für einen Riegel Schokolade zum Nachtisch. Die Tafel wurde so gerecht wie nur irgend möglich aufgeteilt, denn bei so vielen gierigen Mäulern war es besonders wichtig, dass es für alle ge- recht zuging.

Wie viele Wurstbrote meine Mutter in all den Jah- ren diesen Menschen an der Haustür in die Hände gab, lässt sich nicht nachzählen. Wir Kinder wussten früh, wie wir mit solchen Situationen umgehen muss- ten, wenn die Eltern nicht zu Hause waren.

Zwischen Haustür und Wohnungstür gab es einen geräumigen Windfang. Dort wurde ein Küchenstuhl hingestellt, damit der Bittsteller sich setzen konnte, um sein Essen zu verzehren.

Immer waren wir darauf bedacht, die Korridortür sofort wieder zu schließen, damit erst gar keine für uns unbeherrschbaren Situationen entstehen konnten.

Solche Besucher hinterließen häufig viel Mief, der sich im Windfang einnisten wollte. Auch meine Geschwister erinnern sich bis heute an die üblen Düfte. Das konnten wir nur hilflos ertragen lernen und hernach – lüften, lüften, lüften ...

Meistens verlangten die Wermutbrüder, den Herrn Pastor in einer persönlichen Angelegenheit zu sprechen. Und natürlich stand mein Vater, schon von Amts wegen, zur Verfügung.

Einmal saßen wir alle am Mittagstisch, als mein Vater mit der Bemerkung von der Haustür zurückkam, dass er nun wohl eines gewaltsamen Todes sterben müsse.

Jedenfalls hatte ihn einer dieser Menschen bedroht und in seinem alkoholisierten Zustand prophezeit, ihn eines schönen Tages »an dem großen Baum da draußen« hängen zu sehen.

Wahrscheinlich war er wie viele dieser Besucher verärgert, weil mein Vater ihm kein Geld gab, sondern stattdessen die Bahnhofsmission oder das Sozialamt als möglichen hilfreichen Ansprechpartner empfohlen hatte.

Ein Fernsehapparat kam erst Anfang der Sechzigerjahre ins Haus. Unsere Großmutter brachte ihn mit, als sie zu uns zog. Manchmal – selten genug – durften wir Kinder bei ihr im Zimmer auf der Stuhlkante sitzend fernsehen.

Ich kann mich aber nicht erinnern, in dieser Zeit über den Bildschirm etwas über Günter Grass erfahren zu haben. Erst Jahre später, nach meinen Grass'schen Jahreszeiten, habe ich im Zimmer meiner Großmutter vor dem Fernsehapparat gebannt ein Gespräch zwischen Golo Mann und Günter Grass verfolgt.

Ich war vollkommen fasziniert, wie diese beiden Menschen mit der deutschen Sprache umgingen, wie sie auf höchstem Niveau formulierten und mir dennoch absolut verständlich blieben.

Auch wenn ich es damals als völlig normal empfand: Von einer Durchschnittsfamilie kann ich nicht sprechen, wenn ich meine eigene Familie betrachte.

Vermutlich war es diese familiäre Selbstverständlichkeit, die mich in der Grass-Familie rasch zurechtkommen ließ. Anpassungsfähigkeit und Rücksichtnahme waren in meiner Kindheit und Jugendzeit nicht nur als Texte vorgekommen, sondern sie wurden täglich ohne jede Verbiegung von allen Familienmitgliedern gelebt. Und auf Flexibilität und Kreativität war ich schon immer angelegt.

Während meiner letzten beiden Schuljahre hatte ich ein Abonnement der Jugendbühne des Osnabrücker Theaters.

Mit großem Interesse sah ich zum Beispiel von Bertolt Brecht »Der gute Mensch von Sezuan« und »Mutter Courage und ihre Kinder«, auch »Biedermann und die Brandstifter« von Max Frisch. Für mich sehr eindrucksvolle Aufführungen, an die ich mich immer noch gut erinnere.

Schlussball – Margarethe Amelung mit fünfzehn,
Vierte von links und rechts

Was das Musiktheater angeht, so gab es ein Erlebnis
auf der Bühne, das mich nachhaltig beeinflusst hat:
Der Holzschuhtanz aus der Oper »Zar und Zimmer-
mann« von Albert Lortzing hatte es mir als Erstes an-
getan, wollte ich doch selbst gerne tanzen.

Das Mädchen von damals wünschte sich, neben
der berühmten Berliner Luft auch Theaterluft schnuppern zu können. Ich war sehr gespannt auf den neuen
Lebensabschnitt und freute mich auf all das Unbekannte, das mir in Berlin begegnen würde.

Frühlingsahnen – Hoffnung auf Berlin

»Günter Grass, geboren 1927, hat mit seinen Büchern ›Vorzüge der Windhühner‹, ›Die Blechtrommel‹ und ›Katz und Maus‹ viel Ärger und viel Bewunderung erregt. Grass ist kein Autor, der gerade zur Schullektüre zu empfehlen ist, aber das kann keineswegs das Kriterium sein, die Vitalität seiner Sprache und den sinnlichen Phantasiereichtum seiner Epik zu beckmessern.«

Diese beiden Sätze waren in meinem Schulbuch zu lesen, »Deutsche Dichtung, Literaturgeschichte« von Müller/Valentin. Es war die erweiterte Auflage 1963, die mich in meinem letzten Schuljahr lehrte: Günter Grass, ein keineswegs empfehlenswerter Autor für die Schuljugend.

In unserer erzkonservativen Mädchenschule drückten die Bänke besonders hart, wenn man sich mühsam zum Klassensoll hinwühlen musste, unter den strengen Blicken der alle Autorität in sich vereinigenden Lehrerinnen und Lehrer. Und die Personen stimmten natürlich mit der Meinung des Literaturgeschichtsbuchs überein, was auf uns damals so stark wirkte, dass wir folgsam nach Büchern von Günter Grass erst gar nicht fragten.

Wäre mir zufällig ein Grass-Buch begegnet, hätte

ich zwar neugierig, gleichzeitig aber schlechten Gewissens darin herumgeblättert und mich dabei »unartig« gefühlt.

So war das Einzige, was ich zum Thema Günter Grass wirklich wusste, jene kurzen und bündigen Zeilen aus unserem Unterrichtsbuch.

Es kam jedoch mehr hinzu, denn unvermutet reagierten Bekanntschaft und Verwandtschaft auf mein Vorhaben. Zwar mit wenig greifbar klaren Äußerungen als vielmehr mit verschwommenen Bedenken, die wiederum andeutungsweise Zweideutiges vermuten ließen, aber alles wurde mit merkwürdiger Entschiedenheit von Menschen vorgebracht, die sich vorstellten, nun nehme mein Lebensweg einen unguten Verlauf. Sie wollten mich wohl davor bewahren.

Ein Onkel, Studienrat für Deutsch und Religion, führte mit meiner Mutter ein Telefongespräch, als er von meiner Entscheidung hörte, ein ganzes Jahr bei der Familie Grass verbringen zu wollen. Meine Eltern sollten dringend die vorliegenden Bücher dieses Autors lesen! Zeile für Zeile und Wort für Wort!

Dann würden sie meine Zusage ganz sicher rückgängig machen. Das Gespräch blieb unvollendet, da meine Mutter den Telefonhörer unvermittelt in seine Ruhestellung zurückversetzte.

Auch eine Pastorenfrau aus der Nachbarschaft suchte mich zu beeinflussen. Mit nebulösen Worten wollte sie mir nahe bringen, dass »dort in der Berliner Familie« manches sicher sehr anders sei, als ich es von zu Hause kennen würde. Verstanden habe ich sie nicht.

Trotz der Warnungen, die aus allen möglichen und unmöglichen Ecken kamen, hatte ich keine Angst. Ich wusste auch nicht, wovor ich sie hätte haben sollen. Für mich war die ganze Angelegenheit einfach nur sehr interessant, und vielleicht war meine Vorfreude durch all das sogar nur noch vergrößert worden. Außerdem war ich neugierig.

Wie gut, dass auch meine Eltern sich von niemandem beeinflussen ließen, die Bücher erst viel später lasen – »Zeile für Zeile und Wort für Wort« –, im Übrigen auf ihre wohlbehütete Tochter vertrauten und mich mit ihrer vollen Zustimmung ziehen ließen.

Ich selbst las Günter Grass erst nach meinen Grass'schen Jahreszeiten, also nach 1966, und war im Sinne der fremden Urteile fast enttäuscht, fand ich doch nichts, was mir einen Schock versetzt hätte, keine schmutzigen Witze, nichts Schlüpfriges.

Es war phantastisch geschrieben, und Günter Grass' Phantasie kam mir auch hier entgegen, wie ich sie kannte – aus seinen persönlichen Erzählungen, wenn die ganze Familie um den Esstisch versammelt war und ihm gespannt zuhörte.

Es waren die schönsten und reichsten Stunden im Haus.

Mein Onkel Studienrat bewundert Grass' Schreibkunst inzwischen auch, aber ein Buch von Günter Grass wird in den eigenen Bücherschrank niemals eingereiht werden – das hat er mir geschworen –, nicht bei Schiller, Goethe, Herder, Hebbel oder Eichendorff.

Nein, so etwas wird in der Stadtbücherei entliehen und dort wieder abgegeben.

Einer meiner früheren Lehrer schrieb mir nach Berlin.

»Zunächst war ich recht überzeugt, du würdest unsanft aufs Berliner Pflaster fallen, bin nun aber erfreut, von dir zu hören, dass es nicht dazu gekommen ist.«

Und dann der erstaunliche Nachsatz: »Wenn ich einmal mehr Zeit habe, werde ich auch Grass lesen.«

Er war ja nicht Fachlehrer für den Deutschunterricht. Und es sind inzwischen viele, viele Jahre ins Land gegangen. Zeit und Chancen genug, sich die, wie er es nannte, »Grässliche Literatur« zu Gemüte zu führen.

Wie erstaunt waren alle, die den moralischen Zeigefinger erhoben hatten, mich nach der Grasszeit unverdorben und sozusagen »normal« wiederzusehen. Sie hatten offenbar nicht damit gerechnet, dass ich meine Zeit in einer eben durchaus normalen Familie zubrachte. Einer Familie, in der trotzdem vieles anders war, als ich es kannte.

Das ist ein Grund, warum ich dies schreibe.

Hinzu kommt, dass ich von vielen Menschen gefragt wurde, oft mit einem Grinsen in den Mundwinkeln:

»Wie war denn das so, und wie ist er denn so, der Grass?«

Wie es denn so war, das will ich versuchen zu beschreiben.

Wie er selbst mir erschien, ergibt sich daraus.

Mein Geschriebenes umfasst Vergangenes, vierzehn Monate Alltagsleben in einer Familie in Berlin.

24

Margarethe Amelung
in den Siebzigern,
zur Zeit der Niederschrift
des Manuskriptes

Während der ganzen Zeit, die ich in und mit der Familie Grass lebte, schrieb ich regelmäßig ausführliche Briefe an meine Eltern, um sie an meinem interessanten Dasein teilhaben zu lassen. So gibt es einen großen Stapel Briefe, die jene Zeit lebendig werden lassen und zur Grundlage des hier Geschriebenen wurden.

Von 1975 bis 1980 lebte ich mit meiner Familie in England. Meine Söhne Markus und Daniel gingen dort zur Schule; damals war in Großbritannien der Ganztagsunterricht auch schon in den ersten Schuljahren üblich. Das gab mir Freiheiten. Mein Beruf als Physiotherapeutin ruhte zu dieser Zeit. Die häuslichen Arbeiten konnten den Tag nicht füllen. Meine tänzerischen Ambitionen lebte ich so weit wie möglich aus. Aber ich war auf der Suche nach einer weiteren kreativen Betätigung. Ich fand sie schnell.

Aus Deutschland ließ ich mir den Stapel Briefe schicken, die ich in Berlin-Friedenau geschrieben hatte, in der Zeit bei der Familie Grass. Diese Briefe und meine Erinnerungen an die für mich aufregende Zeit in Berlin, in der Schweiz und in Frankreich habe ich zu einem Text verarbeitet, den ich nun öffentlich mache. Es ist sicher nichts Sensationelles. Ich habe auch der Versuchung widerstanden, später Erfahrenes oder Angelesenes ergänzend einzufügen.

Der achtzigste Geburtstag von Günter Grass ist mir Anlass, ihm die Wahrnehmungen des sechzehn-, siebzehnjährigen Mädchens zu widmen, das ich Mitte der Sechzigerjahre war.

Ich schrieb nicht über den Künstler, sondern über den Menschen Grass, seine Familie und Freunde – soweit sie mir bekannt wurden. Meine Erinnerungen ließen mich auch Dialoge schreiben, die zwar keine zitierfähigen Original-Grass-Zitate enthalten. Aber inhaltlich entsprechen sie dem, was ich sehen, hören und miterleben durfte. Ich fühlte mich wie die große Tochter im Haus, und der Weg dahin war denkbar einfach.

Mein Wunsch war es, nach der Schulzeit ein Jahr lang etwas völlig anderes zu tun. Etwas, das möglichst fern von jeglichem Schulbetrieb lag und auch noch nichts mit dem Beruf zu tun hatte, den ich später erlernen und ausüben wollte.

All das sollte sich in einer Großstadt abspielen, vorzugsweise in Westberlin, weil ich an den kulturellen Möglichkeiten dort liebend gern teilnehmen wollte.

Zu Beginn des Jahres 1965 stand in der Zeitung »Christ und Welt« eine kleine Annonce, in der Günter eine »Haustochter«, wie er es etwas altmodisch nannte, oder eine Haushaltspraktikantin, wie es damals hieß, für seine Familie suchte. Mein Vater, als regelmäßiger Leser dieses Blattes, übersah die Anzeige nicht und tat das Angebot auch nicht als indiskutabel ab. Mit der Zeitung in der Hand ging er zu meiner Mutter in die Küche und fragte halb lachend und halb im Ernst: »Was meinst du, sollen wir unsere Margarethe in die Familie von Günter Grass gehen lassen?«

Meine Mutter war ohne zu zögern dafür.

Wie Mütter so sind, schrieb sie einen Brief an Frau Grass und pries mich an »wie sauer Bier«. Erinnern kann ich mich noch an ihren Hinweis, dass ich zwar klein sei, aber zäh.

Es kam ein Brief von Frau Grass zurück, in dem sie bat, ich möchte nun doch auch selbst einen Brief an sie schreiben.

Ich tat das und erhielt umgehend ihre Zusage.

Sie schrieb, dass sie glaube, ich würde mich wohlfühlen in ihrer Familie, in der ein offener und fröhlicher Ton herrsche. Ein eigenes Zimmer würde ich bekommen, jede Woche einen freien Nachmittag, und sonntags hätte ich abwechselnd ganz oder nach dem Mittagessen frei. Mittags sei eine Ruhestunde. Froh wäre sie, wenn ich abends möglichst im Hause bliebe, da sie und ihr Mann häufig ausgingen. Meine Entlohnung betrage zweihundertzwanzig Mark monatlich.

Meine Eltern fanden, das sei viel zu viel, zumal unsere Haushaltspraktikantinnen, wie wohl üblich, nur hundertfünfzig Mark erhielten. So durfte ich mich mit Frau Grass auf hundertachtzig Mark einigen – wenigstens für die ersten Monate.

Nun war alles klar.

Frau Grass schrieb einen weiteren Brief. Sie freue sich, wenn ich vom ersten April an bei ihnen in Berlin sein könnte. So einfach war das!

Schulfreundinnen und alle anderen jungen Leute meines bisherigen Umfeldes blieben, für Berufsausbildung oder Studium, erst einmal im näheren Umkreis ihres Elternhauses. Nur ich zog in die große Stadt Berlin, wo ich nie zuvor gewesen war.

In meinem Koffer lagen zwei hübsche neue Schürzen, die ich selbst ausgesucht hatte. Ich hasste Schürzen, mag sie bis heute nicht.

Als kleines Mädchen wurde ich einmal von einer sehr strengen Tante ganz schrecklich ausgeschimpft, weil ich draußen beim Spielen meine Schürze beschmutzt hatte.

Das habe ich nie vergessen.

Meine Mutter begleitete mich.

Wir fuhren mit der Bahn auf der Transitstrecke durch die DDR und stiegen am Bahnhof Zoo aus.

Mit dem Taxi ging es nach Friedenau, Niedstraße 13.

Das war die Adresse.

Brief der Anna Grass mit den Details
zur Anstellung der Autorin

Berlin, 10.2.65

Liebes Fräulein Ameling,

ich danke Ihnen für Ihre
Bewerbungsschreiben und ich
würde mich sehr freuen,
wenn Sie ihr Praktikum bei
uns machen würden. Ich
glaube, Sie könnten sich
in unserer Familie, in der
ein offener und fröhlicher Ton
herrscht, wohlfühlen.

Wir bewohnen in der Stadt
ein eigenes Haus, das einen
kleinen Stadtgarten hat. Sie
würden ein eigenes Zimmer
haben. Als Lohn schlage ich
Ihnen DM 220.- vor, wobei
ich die Versicherungsanteile

und die Steuern trage.
Vielleicht wissen Sie, dass
der Berliner Senat, Angestellten
aus Westdeutschland die
Reisekosten ersetzt und ein
„Überbrückungsgeld" für die
ersten Monaten bezahlt.

Sie haben jede Woche einen
freien Nachmittag, sonntags
abwechselnd ganz oder halb
frei, mittags ist eine Ruhestunde. Falls Sie einen Kurs
in der Volkshochschule besuchen wollen, wirde ich Ihnen
gern abends früher Feierabend
geben. An den andern Abenden
(ausser den Feierabenden und
ausser nach vorheriger Ver-
abredung) wäre ich froh,
wenn Sie hier sein könnten,
da mein Mann und ich

öfter weg sind.

Vom März bis September beschäftige ich eine Säuglingsschwester, damit ich mich ganz erholen kann. Sie ist 21 Jahre und kommt aus der Schweiz. Sie werden so junge Gesellschaft im Hause haben und mit ihr zusammen etwas von Berlin kennen lernen. Ich selber bin auch Schweizerin. In den Sommerferien werde ich mit den "Grossen" wahrscheinlich ans Meer fahren und würde Sie dann gerne mitnehmen. Ihre eigenen Ferien betragen 3 - 4 Wochen.

Ich würde nun gerne von Ihnen hören, ob meine Vorschläge Ihnen zusagen.

Ich wüßte gern, ob Sie anfangs April oder erst nach Ostern anfangen könnten. Ich würde mich sehr freuen, von Ihnen eine definitive Zusage zu bekommen.

Mit freundlichen Grüßen, auch an Ihre Eltern,

Anna Grass.

Anlagen zurück.
1 Bild
1 Zeugnisabschrift

Frühling

Günter Grass wollte gerade die Haustür hinter sich schließen, um im Laden an der Ecke seine Zigaretten zu kaufen, als wir, meine Mutter und ich mit dem Koffer in der Hand, ihn trafen.

»Anna!«, rief Herr Grass.

Wir traten in den mit rauen, backsteinfarbenen Fliesen ausgelegten Flur. Frau Grass kam gerade die letzten Stufen einer Holztreppe herunter, begrüßte uns freundlich, und wir gingen gemeinsam durch das nicht vom Flur abgetrennte große Esszimmer ins Wohnzimmer, in dem ein bunter venezianischer Deckenleuchter besonders ins Auge fiel.

Wir nahmen Platz in großen Biedermeierstühlen.

Am folgenden Tag wurde das Baby erwartet. Darum war Anna Grass froh, mich noch zu sehen, bevor sie am nächsten Morgen in die Klinik fuhr. Sie hatte mir geschrieben, dass schon vier Wochen vor meiner Ankunft eine Kinderschwester aus der Schweiz ins Haus gekommen war, welche die größeren Kinder inzwischen recht gut kannte. Schwester Hanny hatte vor ihrer Berufsausbildung bereits ein kurzes Praktikum in der Grass-Familie verbracht.

Die vierjährige Laura stürmte ins Zimmer, sah halb scheu, halb kritisch unter ihrem schwarzen Pony her-

vor. Und weil meine Geschwister inzwischen alle größer und älter waren, faszinierte mich das kleine, zarte
Persönchen in der Indianerjacke sofort. Es sah so niedlich aus, als es sich mit seinen Händchen an den Arm
der Mutter hängte.

Es sprach mit der Mutter. Und ich verstand kein
einziges Wort.

Frau Grass hatte mein Erstaunen wohl erwartet und
fragte belustigt, ob wir sie denn verstehen könnten.

»Ja, so weit schon, aber nicht im Gespräch mit Ihrer
Tochter.«

»Ich bin Schweizerin und spreche mit meinen Kindern zu Hause immer Schwyzerdütsch. Mit der Kinderschwester natürlich ebenso. Aber das werden Sie
bald verstehen. Man muss sich nur ein Weilchen hi-
neinhören. Mit meinem Mann sprechen wir selbstverständlich Hochdeutsch.«

Anna Grass sah uns aus heiteren Augen an. Sie
hatte ein hübsches Gesicht, umrahmt von dunklen,
halblangen, locker gelegten Haaren, was sehr jugendlich wirkte.

Bestimmt ist sie temperamentvoll! Und ob sie immer so freundlich ist?

Ihr Mann kam dazu. Mit wohlwollender Miene ließ
er sich auf einem zweisitzigen Biedermeiersofa nieder,
nahm eine Zigarette aus der neuen Packung, zündete
sie an und lehnte sich rauchend zurück. Trotzdem
wirkte er etwas ruhelos, leicht nervös.

Seine Frau sprach über die geplante Reise an die
Nordküste Frankreichs in den Sommerferien, auf die
sie mich gern mitnehmen wollte, um Entlastung im

Haushalt zu haben und somit mehr Erholung zu finden, was sie in einem ihrer Briefe angedeutet hatte.

Wir gingen mein zukünftiges Zimmer anschauen. Als wir das hallenartige Esszimmer durchschritten, warf Frau Grass einen Blick in die Küche, wo Schwester Hanny gerade beschäftigt war.

Wir begrüßten uns an der Küchentür.

Hanny war Anfang zwanzig, hatte rötliches Haar, eine Lockenfrisur, strahlte über das ganze Gesicht, und doch spürte man ihr ernsthaftes Wesen.

Mein Zimmer befand sich im obersten Stockwerk, licht und hell durch eine Fensterreihe zur Frontseite des Hauses. Zwei Betten waren hintereinander aufgestellt. Sonst wenige und einfache Möbel. Aber die Helligkeit ließ den Raum nicht trist oder karg erscheinen, sondern freundlich. Es war wie die ganze Atmosphäre in diesem Hause.

Frau Grass zeigte uns, wie mein Bett gemacht war, denn mit Wolldecken und Leintüchern war es so bestückt, wie man es in der Schweiz kannte und anders als bei uns zu Hause üblich.

Dann gingen wir alle vier, Laura war uns nach oben gefolgt, die rohe Holztreppe wieder hinunter.

Durch Lärm hinter dem Haus waren wir schon auf Franz und Raoul, die achtjährigen Zwillingsbrüder, aufmerksam geworden. Guten-Tag-Sagen war etwas Lästiges, aber die Neugierde trieb sie doch fort von ihrem Spiel mit den Nachbarskindern und zur Hintertür herein, um die Margarethe zu bestaunen.

Sie rangen sich eine kurze Begrüßung ab, da wir, von der Treppe kommend, ihren Weg kreuzten, als sie gerade auf einen Sprung zu Schwester Hanny in die Küche wollten. Laut und vernehmlich verschwanden sie dann wieder im Garten.

Meine Mutter verabschiedete sich. Sie wollte noch eine in Berlin lebende Tante besuchen. Und dort hörte sie dann Schlimmes!

»Ja, weißt du denn nicht, dass Männer besonders wild sind, wenn die Frau schwanger ist?«

Mutter hat nur gelacht. So konnte man sie nicht beirren.

Ich verabschiedete sie an der Haustür und durfte dann in meinem Zimmer den Koffer auspacken, während sich Frau Grass und Schwester Hanny in der Küche um das Nachtessen kümmerten.

Das Esszimmer, groß und kahl, weiß gestrichene Wände hier wie überall sonst im Haus. Auf dem blanken Holzfußboden stand der lange Esstisch, drum herum alte Stühle. Als einzige Abwechslung waren an der einen Längswand zweireihig Regalplatten eingebaut. Hier gab es einen Plattenspieler und Schallplatten mit überwiegend klassischer Musik.

Dieser Raum, offen zum Flur und zum Treppenhaus, wirkte augenblicklich lebendig mit den herumspringenden, temperamentvollen Kindern.

Sieben Personen nahmen Platz am Tisch. Frau Grass zwischen Laura und Raoul, an der einen Stirnseite Herr Grass, am anderen Ende Franz, dann Schwester Hanny zu seiner Rechten, Raoul gegenüber. Ich wurde zwischen ihr und dem Hausherrn eingereiht.

Ein Tischtuch gab es nicht. Nur ein einziges Mal begegnete mir später so etwas in diesem Hause.

Die hübschen blauen Becher an jedem Platz fielen mir schon aus einiger Entfernung auf. Bei näherem Betrachten und Benutzen staunte ich, wie leicht sie waren.

Es war emailliertes Blech. Mitgebracht aus Amerika. Mit dem Vermerk »Made in Poland« am Boden. Nur Günter Grass hatte ein richtiges Glas. Aus dem trank er Bier.

Es gab Brot, Schweizer Käse, schmackhafte harte Wurst aus einem Delikatessengeschäft und hinterher Joghurt.

Ich wunderte mich, wie selbstverständlich und natürlich alles zuging. Gar nicht so, wie ich es mir bei der so genannten High-Society vorgestellt hatte. Und Frau Grass schien nicht einmal aufgeregt oder unruhig, wo sie doch am folgenden Tag den Familienzuwachs zur Welt bringen wollte.

Das Essen war noch nicht beendet, da klingelte es an der Haustür.

Jemand öffnete sich selbst, schaute um die Ecke, fragte, ob er eintreten dürfe, und stellte dann einen kastenartigen Koffer ab. Man kannte sich. Der Mann machte zur Begrüßung eine Runde um den Esstisch. Ich wurde ihm vorgestellt. Er war Fotograf, hatte sein Atelier am »Ku'damm« und brachte nun Dias von der Familie mit, die er, unter großem Hallo der Kinder und zur allgemeinen Begeisterung, mit dem Projektor, den er aus dem Kasten hervorholte, an die weißgetünchte Wand warf.

Ich kam mir vor wie noch nicht so recht dazugehörig, mehr auf Beobachtungsposten.

Die Kinder liefen zu den Bildern an der Wand und zeigten, was darauf zu erkennen war. Besonders Laura wurde von den Erwachsenen immer wieder gefragt, wer und wo diese oder jene Person war. Lobender Beifall allerseits, wenn die Vierjährige auf die richtige Stelle an der Wand patschte.

Nach diesem turbulenten Abschluss des Abendessens stand ich etwas unsicher herum und sah zu, wie und wohin alle Dinge in der Küche wieder an ihren Platz gestellt wurden. Geschirrabwaschen nicht sofort, sondern immer zusammen mit dem Kaffeegeschirr am nächsten Morgen. Also zukünftig meine Sache.

Schwester Hanny waltete ihres Amtes, brachte die Kinder zu Bett und kam dann noch auf ein kleines Weilchen zu mir ins Zimmer.

Sie besaß eine absolut souveräne Ausstrahlung, würdig und gesetzt gegen mich junges Küken, das zwei Wochen zuvor noch brav die Schulbank gedrückt hatte. Ich fragte nach.

»Ja, für mich ist es eine schöne Abwechslung mit den Kindern hier in der Familie«, sagte sie mit ihrem freundlich klingenden Schweizer Akzent. »Es ist längst nicht so streng wie die Arbeit im Spital. Und außerdem kannte ich die Familie Grass schon, bevor ich hierherkam. Als Franz und Raoul noch kleiner waren, habe ich für einige Wochen ein Praktikum bei den Grassens gemacht. Und als Frau Grass mich jetzt fragte, habe ich gerne zugesagt. Sie ist so nett und freundlich, nie schlechter Laune. Ich habe mich schon damals gut verstanden mit ihr. Und dann – Berlin, das war schon ein Anreiz. Da ist doch mehr los als im schönen Schweizer Ländli. Einmal war ich schon im Theater. Und wir gehen dann öfter gemeinsam, ja?«

»Sehr gern«, antwortete ich. »Ich finde Frau Grass übrigens auch sehr nett. Und so hübsch jung sieht sie aus.«

»Ja, das stimmt. Allerdings war ich enttäuscht über Franz und Raoul. Die sahen so niedlich aus, als sie kleiner waren, richtig schön. Aber jetzt sind sie aus den Kleinkindergesichtchen herausgewachsen. Sind ja auch schon acht Jahre alt.«

»Also, im Vergleich zu anderen Kindern sehen alle drei auffallend gut aus«, stellte ich überrascht fest.

»Ich sollte jetzt noch mal sehen, ob sie brav schlafen. Die Buben spielen und toben oft herum in ihren Betten. Und vielleicht benötigt Frau Grass noch etwas für morgen früh, wenn sie ins Krankenhaus geht. Bin schon gespannt auf das nächste Grasshälmchen. Ich glaube, Herr Grass hätte gern noch ein Mädchen.«

»Wann muss ich morgen aufstehen? Und sagen Sie mir, was ich tun muss? Ich habe davon noch keinen blassen Schimmer. Frau Grass zeigte mir unten nur den von ihr aufgestellten Wochenplan, der in der Tür vom Küchenschrank hängt, aber ansonsten weiß ich nichts. Ich meine, zum Beispiel kochen kann ich so gut wie gar nicht oder nur so, wie ich es von zu Hause her kenne.«

»Oh, keine Angst, Herr Grass kocht sicher morgen.«

»Kann der kochen?«

»Gut sogar, wenn auch manchmal – sagen wir mal – sehr speziell. Du wirst es erleben. Ich muss hinunter, nachschauen. Also bis morgen früh. Sei um acht Uhr unten, das ist früh genug. Ich stehe eher auf, wegen Frau Grass. Sie geht um sieben Uhr aus dem Haus. Herr Grass fährt wahrscheinlich für ein paar Tage nach Westdeutschland, während sie im Hospital bleibt. Dann lassen wir es langsam angehen. Also gute Nacht, schlaf gut in der Berliner Luft.«

»Ja, danke! Gute Nacht!«

Komisch, der Mann kocht, dachte ich. Hoffentlich stelle ich mich nicht zu dumm an, wenn ich es lernen soll. Bestimmt kocht er anders, als ich es kann. Etwas kochen kann ich ja schon. Habe des Öfteren zu Hause den Laden geschmissen für die große Familie mit zehn Personen, wenn meine Mutter Ferien brauchte oder sie sonst mal nicht da war. Aber hier ist alles irgendwie anders. Es muss doch anders sein.

Glücklicherweise bin ich nur die Praktikantin, die etwas lernen soll. Jetzt eine Nacht darüber schlafen. Ausruhen von der langen Eisenbahnreise. All die neuen Eindrücke träumend sinken lassen. Und dann werden wir sehen, was mir der Tag beschert.

Als ich am nächsten Tag gegen acht Uhr die Treppe hinunterging, kam Schwester Hanny mir schon entgegen, eine kleine Schürze über dem dunkel-blaugrün karierten Rock.

Unverwüstliche Schweizer Qualität, jahrzehntelang zu tragen. Etwas, das mir auf die Dauer langweilig würde. Fühlt man sich doch genötigt, immer und immer wieder dieselben guten Sachen anzuziehen. Wie es Hanny dann auch treulich tat, zumindest während der Zeit in Berlin.

Anna Grass war längst aus dem Haus, per Taxi zur Klinik. Für die Zwillingsbrüder hatte Hanny das Frühstück bereitet, bevor sie in die Schule gingen.

Nun wurde Laura von der kundigen Kinderschwester angezogen.

Im Essraum stellten wir das Frühstück für Herrn Grass hin, nachdem Schwester Hanny, Laura und ich einvernehmlich und freiwillig die Küche zum Frühstück vorzogen.

Geschirrspülen, Bettenmachen und dergleichen waren einfach zu erfüllende Aufgaben. Ansonsten versuchte ich, mich in diesem Haushalt zu orientieren und im ausgehängten Wochenplan.

Montagnachmittags war die Küche einer gründlichen Reinigung zu unterziehen, was ich bezüglich des Herdes, insbesondere der Bratröhre, noch häufig und schwitzend arg zu spüren bekommen sollte. Vor allem dann, wenn am Sonntag der Hausvater gewirkt hatte.

Was noch auf dem Plan stand? Einkaufen auf dem Markt, Wäsche waschen, bügeln und was ein Haushalt sonst noch braucht. Saubermachen war nicht so häufig aufgeführt. Einmal wöchentlich war das Kinderspielzimmer dran, das sich gleich im Parterre neben dem Treppenaufgang befand. Allerdings war das auch nicht unbedingt flink getan. Denn abgesehen von einem kleinen Teppich im Wohnzimmer, unter dem klobigen Tisch, lag ausgerechnet im so rasch versandenden Spielzimmer der einzige weitere Teppich im Haus. In dem Haus ohne T.T.T. Ohne Tapeten, Tischdecken, Teppiche.

Schwester Hanny und ich machten unsere Zimmer selbst sauber. Für alles andere kam jede Woche einmal die Putzfrau.

Günter Grass rief im Krankenhaus an.

»Alles in Ordnung, kein Grund zur Beunruhigung«, war die Auskunft.

Also ging er Fleisch für das Mittagessen einkaufen. Beim anschließenden Kochen stand ich überwiegend zuschauend daneben.

»Etwas gehackte Petersilie brauchen wir noch. Kann das die Margarethe machen? Ja, können Sie das?«

Das kam mir nun lächerlich vor.

»Ja, doch, ja, bestimmt!«

Immerhin froh, etwas tun zu dürfen, hackte ich also die Petersilie ganz fein, mit einem einfachen Messer auf einem Holzbrett. Später einmal meinte Frau Grass: »Kräuter müssen wir Frauen immer richtig fein hacken. Davon verstehen die Männer nichts.«

Ansonsten assistierte die clevere Schwester Hanny bei der Zubereitung des Mittagessens. Das heißt, ihr waren die langweiligen Dinge, wie Kartoffelschälen, überlassen, während der »Chefkoch« sich um das Interessante kümmerte.

Es gab »Gebratene Kalbsmilch«. Etwas, wovon ich in der Küche nie zuvor mit Bewusstsein gehört und es weder gesehen noch gegessen hatte. Es schmeckte zart und gut.

Beim Essen fragte Herr Grass mit einem freundlichen Lächeln, ob ich wohl Heimweh hätte. Ich hatte!

Verlegene Röte schoss mir ins Gesicht. Er schien es,

wenn nicht zuvor schon, dann jetzt zu merken und fragte nicht weiter. Wie gut.

Dann klingelte das Telefon.

»Es ist ein Sohn! Erster April! Und doch kein Aprilscherz! Die reine Wirklichkeit.«

Strahlend und mit stolzer Miene verkündete es Günter Grass seiner noch um den Esstisch versammelten Restfamilie.

Er erkundigte sich bei Hanny, ob noch etwas für seine Frau mitzunehmen sei, denn jetzt wolle er sofort zu ihr fahren.

Das Taxi wurde gerufen, und davon flitzte der nun vierfache Vater.

In der Zeitung konnte man dann lesen, was »der Blechtrommler« über seinen neuen Sprössling gesagt hatte:

»Bis auf den Schnurrbart hat der Kleine große Ähnlichkeit mit mir.«

Am frühen Nachmittag kam meine Mutter, wie versprochen, noch einmal kurz in die Niedstraße, bevor sie wieder aus Berlin abreiste.

Ich hatte in meinem bisherigen Leben nie Heimweh gehabt, immer nur das Gegenteil: Fernweh, das mich manchmal schrecklich packte, wenn ich herrliche Ferien bei lieben Verwandten verbracht hatte, die mich sehr verwöhnten, mal als Einzelkind und nicht im großen Geschwisterkreis. Nun war es erstmals umgekehrt und traf mich ziemlich unvermutet.

Ich hatte doch so weit fort gewollt und zu eben dieser Familie. Und es war ja auch alles gut und schön. Aber trotzdem.

Ich begleitete meine Mutter noch bis zum Friedenauer Rathaus, von wo aus sie zur U-Bahn-Station weiterging. Um einen allzu tränenreichen Abschied zu vermeiden, kehrte ich rasch um. Zurück zur Niedstraße.

Bei einem Tee, gemeinsam mit Schwester Hanny, die Blechbecher auf dem rohen Küchenholztisch, fand ich zur Sachlichkeit zurück. Obgleich mir in dieser kargen Umgebung die gemütliche, zu Hause gepflegte kurze Kaffeepause am Nachmittag schmerzlich in Erinnerung kam.

Ich wünschte nun, die Zeit möge rasch vergehen. Jedenfalls die ersten Tage, bis ich mich eingewöhnt hätte. Dann war sicher auch bald dieser große Schritt vom Schulkinddasein ins Erwachsenenleben getan. Abends im Bett heulte ich mir alles von der Seele. Nach einigen Tagen war es gut. Die Ostertage verlebte ich dann schon ohne großes Heimweh.

Und von da an fühlte ich mich mehr und mehr zu Hause in der anfangs so ungewohnten »Grasslandschaft«, mit all ihren Besonderheiten und allem Bemerkenswerten.

Am nächsten Tag wurde das Europa-Center eingeweiht. Günter Grass war anwesend und kaufte anschließend als erster Kunde in einem der neu eröffneten Geschäfte ein rotes Kleid für seine Frau.

Da sie beständig wie auf dem Präsentierteller lebten, wunderte es Anna Grass auch nicht, als eine junge Krankenschwester ins Zimmer kam, das rote Kleid am Schrank hängen sah und wie vertraut bemerkte:

»Oh, das ist wohl das Kleid, das Ihr Mann im

Europa-Center gekauft hat. Ich habe es in der Zeitung gelesen.«

Für die nächsten Tage reiste der Dichter dann, wie angekündigt, nach Westdeutschland. Lesungen in einigen Großstädten. Hanny, die Kinder und ich waren allein, was das Eingewöhnen für mich leicht vonstatten gehen ließ. Ich hatte eine freundliche Anleitung.

Morgens gab es täglich für jeden den Saft einer Apfelsine, zumindest während der vitaminarmen Jahreszeit. Außerdem kräftiges Brot mit Butter und bester Schweizer Konfitüre. Und bei der Zubereitung des Marmeladenbrotes ging es nach Schweizer Manier zu, jedenfalls bei Frau Grass und Schwester Hanny. Ich passte mich da recht bald an.

Die dicke Scheibe Brot wurde halb durchgebrochen, ein Stückchen von der Butter und ein Klecks Marmelade auf den Teller getan, und mit dem Messer wurde von beiden Häufchen jeweils etwas auf das Brot getürmt. Dann wurde häppchenweise zurechtgemacht und abgebissen.

Herr Grass aß »deutsch«. Die ganze Scheibe mit Butter bestrichen, aber niemals Süßes drauf. Kaffee gab es für die Erwachsenen, keinen allzu aromatischen, mehr französischen Sorten ähnlich.

Anna Grass erschien meist zum gemeinsamen Frühstück, jedenfalls wenn es nicht spät geworden war am Abend zuvor oder sehr früh in den ersten Stunden des neuen Tages.

Wenn sie länger ausruhen wollte, war das nie ein Problem. Denn für die Kinder sorgte die Schwester und für den Haushalt die Praktikantin.

Der Hausherr kam später. Sein Kaffee stand warm auf der Kaffeemaschine in der Küche. Ich brachte ihn an seinen Platz, während Herr Grass rasch zum Laden an der Ecke ging und Tageszeitungen besorgte. Frühstückend konsumierte er das Neueste vom Tage, zum Beispiel aus dem Spandauer Volksblatt. Und er las die inzwischen im Stapel vom Postboten an der Tür abgegebenen Briefe. Damit ging eine geraume Weile hin.

Franz und Raoul erhielten ihre Morgenmahlzeit in der Küche, warme Milch mit Kakao.

Nachdem sie in der Schule schon einigermaßen Lesen gelernt hatten, reizte Raoul mich in den folgenden Wochen immer wieder neu, wenn er am frühen Morgen Marmeladebrote kauend die Kakaodose mit seinen klebrigen Händen packte und die Seite zu sich drehte, auf der stand »Dieser Kakao schmeckt gut in warmer und kalter Milch«. Raoul las jedes Mal: »Dieser Kakao schmeckt gut in warme und kalte Milch.« Und jedes Mal schallte es schaurig in mein Gehör. Ich sagte ihm erst sehr freundlich, mit der Zeit aber immer grimmiger, dass dort geschrieben stehe »in warmer und kalter Milch« und es in diesem Falle wirklich so heißen müsse.

Während meiner ganzen Grass-Zeit blieb es für ihn bei »warme und kalte«, und ich begriff viel zu langsam, dass nicht die Schwierigkeiten der Zweisprachigkeit – Hochdeutsch und Schwyzerdütsch – am Werke waren, sondern ganz einfach kindlicher Trotz und Freude über meinen Ärger.

Die Kinder waren mein schwierigstes Kapitel in dieser ersten Woche. Schwester Hanny kam sehr gut mit ihnen zurecht. Ich aber hatte nur den Vergleich zu meinen jüngeren Geschwistern, die wenige Jahre älter waren als diese Zwillingsbuben und von mir, der großen Schwester, immer mit arg kritischen Augen betrachtet wurden. Jetzt fiel mir für meine Geschwister nur noch das Wort »Musterkinder« ein, wenn ich an ihre Tischmanieren dachte.

Schwester Hanny telefonierte mehrmals mit Anna Grass und fuhr an einem Tag zum Hospital, um sie zu besuchen. Amüsiert kam sie wieder heim. Die Krankenschwestern, die dort für die jungen Mütter sorgten, hatten es kaum glauben wollen, dass das neue Baby das vierte Kind der so jugendlich wirkenden Mutter war – und nicht das erste.

Nun erst ging das eigentliche Leben los.

Günter Grass kam sonntags von seinen Lesungen zurück, und am Montag wurde der Familienzuwachs nach Hause geholt. Bruno Thaddäus.

Ein nicht gerade üblicher Name, der aber zu all den anderen passte: zu Laura, Franz und Raoul, zu Anna und Günter. Die strengen, dumpferen, starken Vokale »a«, »o«, »u« herrschten vor. Das »e« bei Günter klang kaum. Ein helles »i« oder ein »ei« waren gar nicht vorstellbar. Waren sie, ebenso wie ein ausdrucksstärkeres »e«, zu spielerisch? Ein Umlaut war wohl schon eher akzeptabel.

Meine frühere Deutschlehrerin schrieb, nachdem sie von den Namen dieser Kinder erfuhr: »Leid tut mir jedes Mädchen, das in unserer Zeit mit dem Namen ›Laura‹ durchs Leben gehen muss.«

Welche Sorgen hatte diese arme Frau!?

Mir klang von Anfang an der Name Laura wohl und warm im Ohr. Ausdrucksvoll und vielleicht auch ein wenig dramatisch. Raoul ähnlich, mehr Temperament verratend, keinesfalls leicht und lustig. Franz und Bruno sagten mir weniger vom Klang her zu, dafür umso mehr durch ihre persönliche Note.

Die Kinder nannten ihre Eltern auch Anna und Günter, nicht nur Mama und Vater. Ein von den Eltern ganz bewusst aufgezeigter Weg zu einem partnerschaftlichen Verhältnis.

Ganz neu für mich.

»Das Baby kommt! Das Baby kommt!«, rief Laura aufgeregt und voller Freude. Endlich war es so weit. Seit Wochen wurde davon gesprochen.

Und Laura, als kleines Mädchen gerade im rechten Alter, um erstmals sozusagen mütterlich zu fühlen, hatte sehnlichst auf das Baby gewartet, das von nun an auf Schwyzerdütsch, so lange es klein war, liebevoll »Brunöckeli« genannt wurde.

An dieses für meine Ohren komische Kosewort konnte ich mich allerdings nicht recht gewöhnen und nannte das neue »Grässlein« vorzugsweise schlichtweg beim richtigen Namen.

Die Mutter kam ins Haus, das Kind auf dem Arm. Schwester Hanny nahm es ihr ab, während Anna Grass den Mantel an die Garderobe hängte. Alle waren freudig erregt, jeder bestrebt, einen Blick auf das Baby zu werfen. Laura wollte es gern und sofort und allein in sein Zimmer tragen, aber die Mutter übernahm das verständlicherweise selbst.

Wir stapften alle die Treppe hoch zum Babyzimmer. Frau Grass erzählte, und es herrschte ein allgemeiner Trubel. Herr Grass stand dabei, etwas unruhig, mit frohem Gesicht. Und als Raoul und besonders Franz mit weniger begeisterter Miene schon wieder aus dem kleinen Zimmer hinausdrängten, in Erwägung, ob sie sich nun wohl zu ihren Spielsachen verdrücken könnten, fragte er:

»Sagt mal, findet ihr das Baby etwa nicht schön? Ihr habt es ja kaum angesehen.«

»Doch«, meinte Franz. »Ist aber langweilig. Das kann ja noch nix.«

»Ich wollte lieber 'ne Schwester«, ließ Raoul sich vernehmen.

»Aber wenn Bruno erst mal größer ist, könnt ihr gut mit ihm spielen. Dann habt ihr noch einen Freund mehr.«

»Och, das dauert so lange, bis der ein anständiges Stück gewachsen ist und richtig mit uns spielen kann.«

Und Franz ergänzte kategorisch: »Der Kleinste bleibt er aber sowieso immer, für Raoul und mich jedenfalls. Wir sind nämlich jetzt schon unwahrscheinlich stark.«

»Wenn es eine Schwester wäre, würde sie uns Große wenigstens in Ruhe lassen«, bemerkte Raoul, der vielleicht so etwas wie Konkurrenz auf sich zukommen sah.

Anna Grass, noch im Gespräch mit Hanny, hörte nur den Rest von dem, was ihre großen Söhne über den neuen Bruder äußerten. Sie lachte amüsiert und schüttelte dabei den Kopf.

Die Grass-Kinder in Berlin

»Also, Anna«, sagte ihr Mann schmunzelnd, »da haben wir's gehört.«

Er schaute seiner Frau nochmals über die Schulter, um das kleine eingewickelte Etwas sehr wohlwollend zu betrachten, und beschloss dann: »Ich geh jetzt kochen.«

Die Küche sollte mehr und mehr zu meinem Aktionsfeld werden. Darum folgte ich, um zu assistieren, das zu tun, was einfach war und was ich im Übrigen unter des Meisters Anleitung lernte.

Währenddessen spielten die Zwillinge hinter dem Haus. Laura guckte zu, wie Mutter und Kinderschwester das Brüderchen ins Bett legten, Sachen ordneten, erzählten und alles berieten, was das Baby betraf.

Herr Grass kümmerte sich um das Fleisch, das es hier zu jedem Mittagessen gut und sehr reichlich gab.

Fast mehr als alles andere, Gemüse und andere Beilagen kamen in geringeren Mengen auf den Tisch. Selten warmes Gemüse, wie Teltower Rübchen oder Fenchel. Herr Grass konnte darauf auch ganz verzichten.

Dafür gab es zu beinahe jeder Mahlzeit Salat, jedoch nach dem warmen Essen. Blumenkohl, Porrée, Mohrrüben, Sellerie, Rote Bete, Chicorée, alles in Salatform.

Zum Dessert aßen wir Obst, Orangen oder rotbackige Äpfel. Sonntags eine Crème und Kuchen.

Mir kamen diese Essgewohnheiten kaum typisch deutsch vor, sondern eher französisch. Und sie waren es sicherlich auch, zumal die Grass-Familie vier Jahre lang in Paris gelebt hatte und Anna Grass als Schweizerin außerdem eigene Sitten mitbrachte.

Was jedoch das Kochen betraf, behauptete ihr Mann, habe sie erst viel von ihm lernen müssen. Schmunzelnd, auch ein wenig lauernd auf die Reaktion all der Menschen, die essenderweise seine Zuhörer waren.

»Als wir uns noch nicht so lange kannten, da habe ich die Anna mal besucht. Und weil wir Hunger hatten, wollte sie mir auch etwas zu essen machen. Ratet mal, was da auf den Tisch kam!«

»Spaghetti!«, rief Franz.

»Nee, das glaub ich nicht, der Günter ist nicht so scharf auf Nudeln. Aber sag doch mal, was hat die Mama dir gekocht!?«, fragte Raoul.

»Also, ganz genau weiß ich das auch nicht mehr. Jedenfalls war's scheußlich. Stimmt's, Anna?«

Das klang fast triumphierend, aber er lächelte sie verständnisvoll an. Daran erinnert, rötete sich ihr Gesicht. Sie wusste damals noch nicht, dass Kochen ein ausgeprägtes Hobby ihres Gastes war.

»Heutzutage koche ich aber nicht schlecht und manches besser als du«, hielt sie dagegen.

»Haste von mir abgeguckt«, entgegnete kopfnickend das Familienoberhaupt. »Dafür kann ich aber nicht so gut tanzen wie du, damals schon nicht und heute erst recht nicht.«

Anna Grass war ausgebildete Balletttänzerin, und stolz verkündete ihr Mann, dass sie in Bayreuth getanzt hatte, in der Rolle einer grässlichen Hexe.

Ich war gerade dabei, den Salat anzurichten. Frau Grass schaute in der Küche vorbei.

»Kann ich euch etwas helfen?«

»Oh, nein danke«, kam Herrn Grass' Antwort. »Ist gleich alles fertig, dann können wir essen.«

»Nein danke«, echote ich, schüchtern, mit ungläubiger Miene.

War mir das komisch, wenn die Hausfrau selbst so fragte. Irgendwie konnte ich das erst nicht richtig verstehen. Sie hatte doch hier das Vorrecht, und sie musste doch wissen, wie ihr Laden lief, oder zumindest wie er laufen sollte.

Müsste nicht eigentlich ich diejenige gewesen sein, die fragt: »Was oder wie kann ich etwas als Nächstes tun?«

Und sie müsste sagen: »Margarethe, würden Sie bitte jetzt den Tisch decken?«

Aber nein, hier war kein »müsste«, hier war vieles anders. Nicht so wie in meinem Elternhaus, wo meine Mutter die Erste war, die in der Küche stand und sich freute, wenn eines der zahlreichen Kinder mit der Frage kam, ob es etwas zu helfen gebe, was so gut wie immer der Fall war.

Es dauerte nicht lange, bis ich erkannte, dass Anna Grass ein hundertprozentiges Vertrauen in mich setzte, was bei genauerem Überdenken diese Frage an der Küchentür schon zeigte.

Einen Haushalt selbstständig und gut zu führen, insbesondere einen turbulenten, das konnte ich nur lernen, wenn ich meinen eigenen Kopf gebrauchte und auch wirklich selbstständig handeln durfte.

Anna Grass brachte es sehr gut fertig, sich tatsächlich nicht zu kümmern und mir die Verantwortung für einen Bereich zu überlassen. Dabei konnte sie selbst sehr gut organisieren und tatkräftig ihren großen Haushalt in den Zeiten meistern, wenn keine Praktikantin oder Kinderschwester zur Stelle war.

Manchmal überlegte sie, was sie später ändern sollte zu dem Zeitpunkt, wenn die Kinder größer wären, eine Kinderschwester kein Interesse mehr hätte und auch eine Haushaltspraktikantin für ihr Heim kaum mehr in Frage käme.

Aber etwas fiel Frau Grass noch schwer: Sich an moderne Haushaltsgeräte zu gewöhnen, war ihr noch nicht gelungen. Eine moderne Waschmaschine zu akzeptieren, war zwar unumgänglich, aber damit erschöpfte sich die Zahl der elektrischen Helfer im Haus schon ziemlich.

Heidi, meine Vorgängerin, die nun Krankenschwester wurde, erzählte mir bei meinem Besuch in ihrer Schwesternschule, dass Frau Grass eine Kaffeemaschine geschenkt bekam und diese zunächst auf dem obersten Regal in der Küche ihr langweiliges Dasein fristete. Dann fragte Heidi, ob sie das Ding mal ausprobieren dürfe. Sie durfte. Und weil das so gut funktionierte und der Kaffee nicht schlechter schmeckte, blieb die Maschine weiterhin zur täglichen Benutzung in erreichbarer Nähe stehen.

Brot wurde per Hand mit einem kräftigen Messer geschnitten, Mayonnaise mit der Gabel fleißig gerührt, Schlagsahne mit dem Schneebesen geschlagen.

Autofahren lernte Anna Grass einige Jahre nach meiner Zeit, Günter Grass vermutlich bis heute nicht. Jedenfalls kann ich ihn mir am Steuer nicht vorstellen.

Frau Grass überlegte manchmal, ob sie vielleicht eine Bügelmaschine anschaffen sollte, befürchtete aber, es könnte sie dazu verleiten, alle Wäschestücke zu bügeln, auch die, die man bisher nur zusammengelegt hatte. Auf diese Weise würde man keine Arbeitszeit einsparen, und darum wurde der Gedanke an diese Anschaffung wieder verworfen.

Es kam Ostern. Die Ostereier, die Hanny und ich am Tag zuvor hübsch gefärbt und verziert hatten, versteckte ich gemeinsam mit Herrn Grass im Wohn- und Esszimmer, was gar nicht so einfach war bei der kargen Möblierung. Franz und Raoul bekamen zusätzlich jeweils ein kleines Matchbox-Auto. Eines versteckte ich hinter der Gardine auf dem Fensterbrett im Esszimmer. Herr Grass setzte das andere vorsichtig auf die Lampe.

Frau Grass war währenddessen oben bei Bruno und Schwester Hanny mit den anderen Kindern in der

Kirche. Bei ihrer Rückkehr stürmten sie geradezu ins Haus. Besonders die Zwillingsbuben waren nun ungeduldig, sie wollten endlich Ostereier haben.

»Erst den Mantel ausziehen! Und dann wartet ihr noch einen Augenblick, bis die Mama auch da ist!«, sagte Herr Grass. Dies hatte zur Folge, dass die Jungen, hinterdrein Laura, polternd die Treppe hochflitzten, ins Babyzimmer einbrachen, der erschrockene kleine Bruno zu brüllen anfing und die Mutter sich lautstark gegen das auf sie niederprasselnde Stimmengewirr zur Wehr setzen musste.

»Bitte, hört zu! Nur eine halbe Minute, dann komme ich. So lange könnt ihr bestimmt noch warten. Und jetzt seid mal nicht so entsetzlich laut, sonst kriegt der Bruno noch Angst vor euch!«

Schwester Hanny erschien, und während sie das Baby beruhigte, fertigwickelte und ins Bettchen legte, war die Rasselbande längst wieder unten, um nun endlich die Osterfreuden zu entdecken.

»Der Franz hat schon zwei Ostereier und ich noch gar keins«, schmollte Raoul.

»Ja, du musst suchen«, sagte Mutter Anna, während der Vater damit beschäftigt war, Laura, seinem Töchterchen, auf die Sprünge zu helfen. Es kam mir so vor, als könne er selbst es kaum abwarten, dass seine Sprösslinge alle Verstecke aufgespürt hätten.

»Laura, krabbel doch mal da hinten unter den Tisch! Nein, ich meine ganz am Ende und richtig unten drunter. Und dann musst du mal hochgucken. Ja, richtig! Siehst du, da war doch was!«, stellte Günter wie selbst erstaunt fest.

»Komm, Raoul, schmoll nicht! Guck in allen Ecken herum, sonst bist du ein Spielverderber. Musst auch mal hochschauen, mehr so in die Luft!«

Günter Grass half und zeigte ihm, wie, dabei auf die Lampe zugehend. Besser konnte er ihm das Suchen und Finden tatsächlich nicht mehr vormachen.

Da entdeckte Raoul das kleine Spielzeugauto. Jetzt hatte er als Erster etwas Besonderes gefunden, was ihn seine Unzufriedenheit vergessen ließ und zum weiteren Suchen ermutigte.

Auch Schwester Hanny und mich vergaß der Grass'sche Osterhase nicht, der sich hierbei aber das Verstecken ersparte. Für uns standen Schokoladeneier auf dem Wohnzimmertisch. Wir erhielten auch jeweils ein Buch. Meines war »Die Grasharfe« von Truman Capote.

Zum Mittagessen waren Gäste eingeladen. Was es zu essen geben sollte, war bereits in irgendeiner Berliner Zeitung zu lesen gewesen. Zwei große Hammelkeulen hatte ich beim Metzger gekauft, der sich glücklich schätzen konnte, Grassens zu seiner beständigen Kundschaft zählen zu können. Kunden, die immer nur vom Besten und eher mehr als zu wenig kauften. So ließ er es sich auch nicht einfallen, uns jemals eine zähe Keule über den Ladentisch zu reichen. Hammelkeule war ein häufiges Sonntagsmahl, ein Lieblingsbraten.

Ich half beim Kochen, zu- und abguckend, als Günter Grass mit geübten Händen die Keulen mit Knoblauch und Rosmarin spickte, sie würzte und – während sie im Ofen brutzelten – immer wieder in die Küche kam, um nachzuschauen, ob noch etwas zu ihrem Gelingen vonnöten wäre.

Er erklärte mir freundlich und mit wenigen Worten, wie, warum und was er tat. Und ich bemühte mich eifrig zu lernen.

Ansonsten lief alles ohne viel Gerede in der Küche ab. Das Aufräumen, Abwaschen und ähnlich langweilige Dinge waren natürlich mein Gebiet.

Manchmal wünsche ich mir heute, auch so voller Begeisterung in der Küche wirken zu können, die leckersten, raffiniertesten Gerichte zu kochen, was ich tatsächlich ab und zu tue, aber mich nicht darum scheren zu müssen, wie die Küche wieder ihren übersichtlichen Urzustand zurückerhält.

Zu den drei geladenen Gästen dieses Osteressens gehörte auch Ingeborg Bachmann. Bevor sie endgültig – und nur noch für die wenigen Jahre ihres so früh endenden Lebens – nach Rom zog in das von ihr geliebte Italien, war sie oft Gast im Hause Grass, besonders als Annas Freundin. Sie hatte eine warme, gedämpfte Stimme, sprach niemals laut, zumindest nie, wenn ich sie erlebte. Ich konnte mir ihre Stimme nicht einmal lautstark denken.

Die Kinder kannten Ingeborg Bachmann sehr gut. Und vielleicht war es ihre verlässlich-sanfte Ausstrahlung, die ihnen die Gewissheit absoluter Freundschaft vermittelte. Sie sprachen mit ihr wie mit einem Familienmitglied. Das war eine einmalige Zuneigung, die sie sonst keiner der vielen anderen Personen entgegenbrachten, die im Haus ein und aus gingen.

Inzwischen hatte ich die ersten vier Wochen überstanden, beherrschte die Grundlagen der hier üblichen Kochgepflogenheiten, wusste, welche Gewürze überwiegend benutzt wurden, was in einen Fischsud hineinkam, hatte zugesehen, wie Grass Schleie »blau« kochte und aß mittlerweile mit ebenso großem Appetit wie alle anderen in der Familie für damals außergewöhnliche Gerichte. Aber auch gebratene Kalbsleber mit gerösteten Zwiebelringen und Apfelstückchen und dazu Kartoffelbrei.

Das Umstandskleid von Frau Grass aus dunkelbraunem Cord war mittlerweile von der fähigen Schneiderin in einen passenden Mantel für Laura verwandelt worden.

Bruno war gerade noch so winzig, dass er in Lauras Puppenwiege Platz hatte. Sie wurde auf mein Bett gestellt, weil mein Zimmer das sonnigste im ganzen Haus war und genug Helligkeit bot für Schwester Hannys einfachen Fotoapparat, der kein Blitzlicht hatte. Auf dieselbe Art, bei kräftigem Sonnenschein, wurde Bruno in der »Badewanne« fotografiert. Die alte emaillierte Waschschüssel stand zu diesem Zweck auf zwei nüchternen, weiß gestrichenen Hockern in Lauras Zimmer.

Es ging wirklich nicht protzig zu. Nichts war übertrieben. Manches sogar eher altmodisch und umständlich.

Das erste Fest, das ich bei Grassens mitmachte, war Brunos Taufe.

»Am liebsten würde ich jetzt hundert Leute einladen! Ein richtig großes Fest für Bruno! Was meint ihr

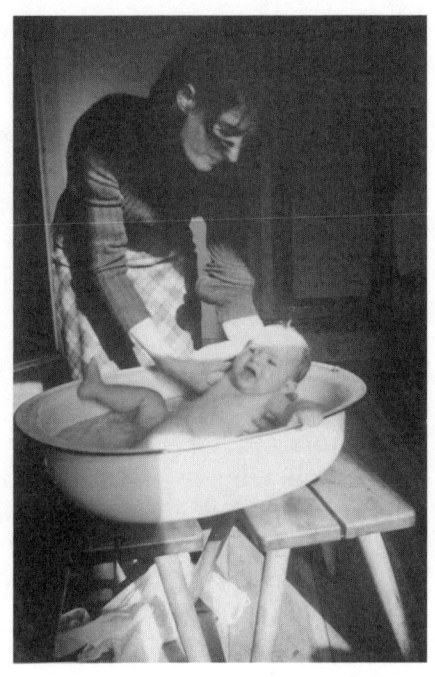

*Mit Sonnen-
licht aufgehellt:
Anna Grass
badet Bruno*

dazu?«, sagte Günter Grass. Und Franz hatte sofort
eine Idee: »Der Vater und die Mutter von Tilo müssen
dann aber auch kommen!«

»Ja, und meinen Freund von gegenüber, den lade
ich ein!«, rief Raoul begeistert.

»Und wen kann ich mal einladen?«, fragte Laura be-
trübt.

»Halt mal! Haaalt!« Anna Grass versuchte sich
stimmlich durchzusetzen. »Immer langsam! Nun darf
ich etwas sagen. Hundert Leute, Günter, das ist viel zu
viel. Wir können doch nicht jeden einladen, und drei-

ßig bis vierzig Personen finde ich schon eine ganze Menge für ein Fest. Wenn wir erst anfangen, aus dem weiteren Bekanntenkreis einzuladen, dann gibt es kein Halten mehr, und dann kommen wir über hundert Leute weit hinaus.«

»Ich habe ja nur gesagt, ich würde gern.«

»Ich würde auch sehr gern«, sagte Franz träumerisch. »Ich weiß noch so viele, die ich einladen möchte.«

Am vierten Mai sollte das Tauffest stattfinden. Etwas, das ich mir noch nicht recht vorstellen konnte. Zwar war mir Brunos Taufe kein Rätsel, aber hier wurde mehr vom großen Fest geredet als vom eigentlichen Anlass.

Allerdings sollte es gleichzeitig so etwas wie ein Abschiedsfest für Herrn Grass sein, der bald darauf für einige Wochen in die Vereinigten Staaten reisen würde. Da er noch der katholischen Kirche angehörte und Frau Grass der reformierten, waren sie übereingekommen, die Kinder in die Glaubensrichtung des Vaters zu lenken. Ich konnte diese Entscheidung nur schwer verstehen.

Es war kein Geheimnis, dass die dogmatischen Glaubensforderungen der römisch-katholischen Kirche die ständige Kritik von Günter Grass herausforderten.

Schwester Hanny als strenggläubige Katholikin beschäftigte sich während ihrer gesamten Zeit in dieser Familie mit dem für die Kinder daraus entstehenden Problem. Sie fühlte sich nicht nur verantwortlich für das physische, sondern auch für das psychische Wohlbefinden und Gleichgewicht der ihr Anvertrauten. Bezüglich des Gleichgewichts eine schwierige Aufgabe,

60

der sich Hanny da stellte. Wie sollte sie erreichen, dass Franz, Raoul und Laura eine gute religiöse Grundlage bekämen, wenn andererseits sonntagmorgens der Vater am Frühstückstisch seinen achtjährigen Söhnen verkündete: »Ihr könnt in die Kirche gehen oder im Keller mit eurer Eisenbahn spielen.«

Als Schwester Hanny, als moralische Instanz, die Familie nach einem halben Jahr verließ, fiel den Kindern die sonntägliche Entscheidung nicht schwer. Für Jungen in diesem Alter war die elektrische Eisenbahn im eigens dafür hergerichteten Kellerraum von wesentlich größerem Interesse als das langweilige, endlos erscheinende Sitzen, Knien, Stillsein und Zuhören in der Kirche. Womöglich gerieten die Kinder durch die unterschiedliche Beeinflussung etwas aus dem Gleichgewicht. Andererseits waren sie aber interessierter als andere Kinder ihres Alters an allem, was mit Religion zu tun hatte.

Wenn ich sie ins Bett brachte, in Zeiten, in denen die Mutter nicht da war und keine Kinderschwester zur Verfügung stand, wollten sie von mir wissen, wie und was anders ist in »meiner« Kirche. Sie waren dann nicht davon abzubringen, das Vaterunser am Schluss mit der in der evangelisch-lutherischen Kirche üblichen Verlängerung zu beten und nicht so, wie Schwester Hanny es ihnen beigebracht hatte.

Frau Grass überließ ihrem Mann diese Verantwortung. Und er hatte nichts dagegen, dass Schwester Hanny sich darum kümmerte, sogar ein Weihwasserschälchen kaufte und im Schlafzimmer der Kinder an die Wand hängte. Hanny sah es auch als ihre Pflicht an, wegen der Grass-Kinder mit dem katholischen Pfarrer zu sprechen. Als er vor Brunos Taufe zu einem Gespräch kam, das die Mutter alleine mit ihm führte, weil der Vater nicht in erreichbarer Nähe war, hatte ich nachträglich den Eindruck, der gute Mann müsse nun ein verworrenes Bild der Familie in sich tragen.

Frau Grass erzählte uns etwas erstaunt die Geschichte, die der Pfarrer ihr zum Besten gab, vermutlich in der Absicht, die weit umspannenden Arme und die Toleranz seiner Kirche für die große und vielfältige Herde der Gemeinde zu demonstrieren. Er berichtete also von der Beerdigung des Mitglieds einer Zigeunersippe, wo es geräuschvoll, äußerlich und innerlich feucht-fröhlich zuging. Gefühlsbetont, unter Seufzen, Schluchzen und Tränenvergießen wanderte, noch während der Pfarrer die Beerdigungszeremonie abhielt, die Schnapsflasche von einem zum anderen.

So schien der gutmütige Pfarrer wohl auf alles gefasst zu sein. Etwas, das Frau Grass wiederum mit Recht als befremdlich empfand, denn zigeunerhaft oder gar liederlich ging es bei ihnen wahrhaftig nicht zu. Nur eben anders als sonst üblich in Durchschnittsfamilien.

Und wenn am Abend des Tauftages getanzt werden sollte, dann war das eben anders.

Aber ich dachte daran, wie viele Millionen Menschen auf der Erde bei religiösen Festen Freude empfinden und dieser Freude durch Musik und Tanz Ausdruck verleihen. Und dann kam es mir nicht mehr so ungewöhnlich vor. Für mich war die ganze Angelegenheit interessant. Wir gingen alle mit in die Kirche, und

*Die Taufgesellschaft vor der Kirche unten mit
Namenszuordnungen …*

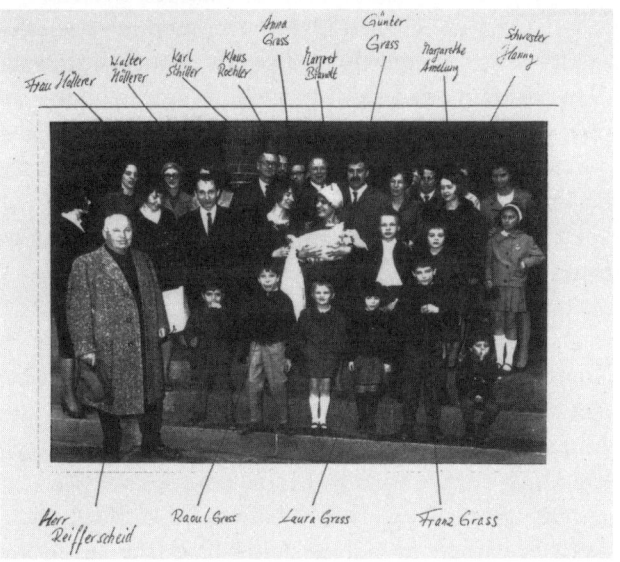

63

ich sah mir genau an, was bei einer Taufe in der katholischen Kirche anders ist als in meiner.

Der Berliner Wirtschaftssenator und spätere Bonner »Superminister«, Professor Karl Schiller, machte es sich zur Aufgabe, mit seinem großen schwarzen Regenschirm die weiblichen Personen eifrig und gentlemanlike von der Haustür zu den vor dem Gartentor bereitstehenden Autos zu geleiten. Für mich nebensächliche Person erwartete ich diesen Akt der Höflichkeit nicht. Doch ich war keine zwei Schritte von der Haustür entfernt, schon kam er herbeigeeilt, den Schirm auch über mein Haupt zu schwingen, das Gartentor aufzureißen und mich in eines der Autos einsteigen zu lassen.

Da ich dem Stand eines Schulkindes noch näher war als dem der großen Dame, empfand ich das errötenderweise als unnötig und peinlich, nicht mir, sondern vielmehr den selbstbewussten anwesenden Damen gebührend.

Erinnerungsfotos wurden gemacht. Und auch solche für Publicity.

Und noch ein großes Familien- und Freundeskreisfoto vor dem Kirchenportal. Dann ging es zurück nach Hause.

Die Atmosphäre entspannte sich, wie immer nach einem offiziellen Teil. Ich kochte Kaffee und schenkte den Gästen im Wohnzimmer in die kleinen Tassen ein. Angezogen wie immer, allerdings mit einem Sonntagskleid unter der Schürze.

Auch Anna Grass war, meinem Geschmack nach, nicht besonders festlich gekleidet. Sie trug ein modisches Kleid, von ihrer Schneiderin genäht, weder elegant noch ausgesprochen schick. Es war die Zeit des zaghaften Beginns der Minimode, der Kniestrümpfe und des Lidstrichs. Ich würde noch oft über Annas Modegeschmack staunen. Modisch war sie immer auf dem neuesten Stand, ohne aber je ihren eigenen Stil aufzugeben.

Die Kaffeemaschine setzte ich eilig immer wieder aufs Neue in Gang. Für die vielen Personen, zu denen weitere hinzukamen, die an der eigentlichen Taufe nicht teilgenommen hatten, wurde mir der Kaffee fast zu langsam fertig. Als ich gerade einer der Damen das Tässchen mit dem Rest aus der Kanne nur noch halbvoll einschenkte, sagte ich entschuldigend und vertröstend: »Es ist noch mehr Kaffee da, er ist gleich fertig.«

»Es gibt hier noch mehr Kaffee. Hast du das gehört?«, sagte sie spöttisch lächelnd zu ihrer Nachbarin. Ich fühlte mich arrogant und von oben herab behandelt. So ein Ton war in diesem Haus sonst nicht üblich. Anna und Günter Grass behandelten mich niemals herablassend. Sie zeigten sich immer froh darüber, jemanden im Haus zu wissen, der sich verantwortungsbewusst bemühte, dass alles rundlief. Sie dankten es so, dass ich mich bei ihnen sehr wohlfühlen konnte.

Am Tag vor dem Fest hatten wir das kalte Büfett vorbereitet. Es wäre für Grassens nämlich völlig undenkbar gewesen, sich für solchen Anlass bei der besten Hotelküche Berlins ein fix und fertig vorbereitetes Essen zu bestellen und anrollen zu lassen.

Herr Grass stand in der Küche, und da ich schon fünf Wochen lang bei ihm Kochen gelernt hatte, konnte ich auch entsprechend mithelfen. Er war selbst beim Metzger gewesen, hatte zwei Rinderzungen bestellt, zwei Enten, eine große Hammelkeule, Zutaten für eine Sülze und pfundweise Hackepeter und Schabefleisch. Verschiedene Sorten Fisch garten im Sud auf dem Herd für den Fischsalat.

Ich hatte schon gelernt, wie Buletten zubereitet werden. Unter wohlwollenden Blicken des Küchenchefs, während er mit dem Spicken der Hammelkeule und dem Abziehen der Rinderzungen beschäftigt war, mischte ich das Fleisch für die Hackbraten. Die Zwiebeln mussten dafür ganz besonders fein geschnitten werden.

»Und dann zünftig mischen und durchkneten in der größten vorhandenen Schüssel!«

Es duftete im ganzen Haus nach den Köstlichkeiten, die in der Küche zubereitet wurden.

Hanny kam herein. »Hmm, riecht das gut! Ich würd gern mal etwas probieren.«

»Ja! Wie wär's mit einem Stück vom Schweineohr? Das kocht dort in dem Topf.«

»Ach, vielleicht warte ich dann doch lieber, bis das in Sülze verwandelt ist«, meinte Hanny. Der Gedanke an Schweineohr pur ließ sie sehr geduldig werden. Frau Grass fand gerade noch ein Plätzchen am Küchentisch, um einen Gemüsesalat vorzubereiten.

Was man alles hintereinander mit einem normalen Küchenherd zuwege bringen kann, ist dem Durchschnittskoch sicher gar nicht klar. Und obwohl ich aus einer Großfamilie komme, war ich oft überrascht, wie hier stundenlang ein Braten nach dem anderen, wenn möglich mehrere zur gleichen Zeit, ins Rohr wanderte, bewacht, begossen und begutachtet wurde.

Zum Schluss waren die Enten dran. Das übernahm wiederum der Hausherr, während er mir gekochte Fleischstücke und Schweinskopfteile hinlegte, die ich sorgfältig für die Sülze klein schnitt. Mochte ich früher nie Sülze, so aß ich sie hier gern. Sie war einfach gut!

Nachdem diese ganze Kocherei überstanden war, fiel ich müde und erschöpft ins Bett.

Für das kalte Büfett wurden am Festtagabend alle Fleischgenüsse auf dem an die Wand gerückten großen Esstisch zurechtgestellt, nicht zusätzlich dekorativ garniert, sondern einfach so.

Aber welch ungewohnter Anblick!

»Hanny, guck mal, Frau Grass hat eine Tischdecke gebracht!«

»Oh, das muss ich sehen!«

Hanny schaute wie zufällig aus der Küchentür hinüber zum Esstisch, um das hier nie zuvor erblickte Stück Stoff zu bestaunen.

»Siehst du wohl, hättest du nicht gedacht, dass es so etwas im Hause Grass gibt. Oder?«

»Wahrscheinlich ist das top secret, irgendwo in der hintersten Ecke des Kleiderschranks versteckt. Vielleicht war das mal ein lästiges Hochzeitsgeschenk von irgendeiner alten Tante. Könnte ja sein.«

»Übermäßig schön finde ich die nicht, aber das wirkt doch phantastisch appetitlich im Vergleich zu dem dunklen, rohen Tisch mit dieser komischen plastikbezogenen Mitte.«

Inzwischen ging das Fest schon recht turbulent zu. Der Alkohol floss, wenn nicht in Strömen, so doch auch nicht nur tropfenweise, was dazu beitrug, die Stimmung zu heben. Man stärkte sich am Büfett. Die Musik wurde gegen das Stimmengewirr hörbar lauter gedreht. Es durfte getanzt werden. Gäste kamen und gingen.

Der korpulente Verleger des Dichters saß auf der untersten Treppenstufe mit einer Weinflasche in der einen und einem Glas in der anderen Hand. Er war im Gespräch mit dem Architekten, der Grassens geholfen hatte, dieses alte Haus umzubauen und zu renovieren.

Schwester Hanny bat, vorbeigehen zu dürfen die Treppe hinauf, um nach den Kindern zu schauen, die bei der Geräuschkulisse im Erdgeschoss nicht so leicht Schlaf fänden. Inzwischen begann aber der Verleger, mit viel gutem Wein im Blut, eine angeregte Unterhaltung mit ihr.

Schnaps und Bier waren auch zu haben. Günter Grass hatte mich am Vormittag ins Delikatessengeschäft geschickt, wo ich fünf Flaschen verschiedener Schnäpse kaufte. Sofort wussten die Geschäftsinhaber, zu welchem bevorzugten Haus ich gehörte.

Gegen Mitternacht gingen Hanny und ich schlafen, während unten fröhlich weitergefeiert wurde, Bruno Thaddäus und Günter Grass zu Ehren.

Am Morgen stellte ich den Küchentisch randvoll mit eingesammelten leeren Flaschen jeder Art. Das Gastgeberpaar musste ausschlafen. An die hundert Glä-

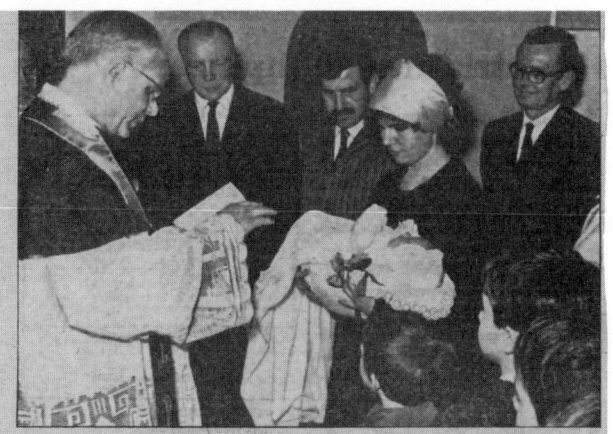

*Empört hat die Haustochter den »Spiegel«-Vermerk vom
02. 06. 1965 über die angeblich »heimliche Haustaufe« bei
Grassens ausgeschnitten*

ser abzuwaschen war das Langweiligste der Aufräumarbeiten. Die wenigen Möbel wieder in die gewohnte Ordnung zu rücken machte kaum Mühe.

Ein Foto von der Taufe in der Kirche erschien kurze Zeit später im »Spiegel« – mit völlig unwahrem Text, was Grassens enttäuschte und verärgerte. Hatte das Nachrichtenmagazin doch tatsächlich geschrieben, die Taufe habe zu Hause stattgefunden. So, als habe man ein Geheimnis daraus machen wollen. Mir wurde erstmals richtig klar, dass man niemals alles glauben sollte, was gedruckt wird.

Anna packte den Koffer ihres Mannes.

»Das kann mein Mann nicht. Es ist ein heilloses Durcheinander, wenn er Koffer packt, und es passt kaum etwas hinein«, sagte sie zu Hanny.

»Margarethe, wenn das rosa Oberhemd trocken ist, dann bügeln Sie es doch bitte noch, mein Mann will es mitnehmen.«

Ausgerechnet das rosafarbene! Welch ein Geschmack! Dazu war die Männermode auch wirklich noch zu konservativ und ein Mann im rosa Hemd sehr ungewöhnlich. Aber im Land der unbegrenzten Möglichkeiten fiel er damit vermutlich gar nicht auf.

Wochen zuvor war er gebeten worden, seine Kopfgröße anzugeben, damit der Doktorhut passend angefertigt werden konnte. Den Schriftsteller erwartete in den Staaten die Ehrenpromotion des Kenyon College. Zusammen mit Uwe Johnson ging es auf die Reise nach Amerika.

Uwe Johnson hatte im Haus nebenan sein Atelier. Oft kam der große blonde Pommer mit seiner Pfeife und begleitet von seinem gelockten Töchterchen und saß mit Günter Grass am Frühstückstisch, wo sie sich gemütlich unterhielten.

Es sah rührend aus, wenn dieser riesig wirkende Mann, das kleine Mädchen an der Hand, die Straße entlang kam. Die Grass-Kinder kümmerten sich wenig um die kleine Freundin. Allenfalls Laura versuchte es.

Aber Katharina sprach noch so gut wie kein Wort und war dementsprechend viel zu langweilig für die vor Leben sprühenden, temperamentvollen Geschwister.

Frau Grass erzählte, dass Katharinas Mutter niemandem ihren Fluchtweg aus der DDR verriet, um ihn nicht preiszugeben und damit für andere zu versperren. Frau Johnson kam oft, um Anna zu besuchen.

In den folgenden Wochen ohne Hausvater fehlte etwas, was sich besonders bei den Mahlzeiten bemerkbar machte. Die phantastische Tischunterhaltung fiel aus. Franz, Raoul und sogar die jüngere Laura liebten die Erzählungen ihres Vaters. Wenn er nicht von allein zur Unterhaltung beitrug, baten die Söhne, »Vater, erzähl eine Geschichte!«.

»Erst möchte ich mal essen. Und außerdem habe ich doch gestern eine Geschichte erzählt. Ich weiß auch nicht täglich neue.«

»Stimmt nicht!«, rief Franz.

»Gestern warst du doch gar nicht da beim Mittagessen!«

»Ach ja, also dann war's vorgestern.«

»Du kannst auch etwas erzählen, was du uns schon einmal erzählt hast, das macht nix«, lockte Raoul.

»Aber lasst mich erst noch ein paar Gabeln voll in Ruhe essen. Das schmeckt gerade so gut und wird sonst kalt.«

»In Ordnung. Aber iss ein bisschen schnell!«

»Also, Anna, wie machst du das bloß? Kannst essen so viel du willst und brauchst nicht auf die schlanke Linie zu achten. Das möchte ich auch mal.«

»Tja, mein Geheimnis«, antwortete Anna, fast etwas verlegen über das Kompliment ihres Mannes.

»Und Sie, so scheint es mir, haben da auch keine Schwierigkeiten«, sagte er zu Hanny und mir.

Bis zu diesem Zeitpunkt hatte ich immer angenommen, nur Frauen kümmerten sich um Schlankheitsprobleme. Und fast tat er mir leid, wenn er noch Appetit hatte, aber schmachtend zusehen musste, während wir alle uns rundherum satt essen konnten.

»Einmal im Schlaraffenland sein und so richtig essen, so viel man schaffen kann, bis wirklich nichts mehr reingeht. Das wär was, Anna«, wünschte er schwärmerisch. Und dann grinste er.

»Wenigstens einmal im Leben!«

»Du hast doch versprochen, du wolltest eine Geschichte erzählen.« Raoul war vom Stuhl aufgestanden und hing nun bettelnd an Vaters Arm.

»Ich wollte? Ihr wolltet, dass ich etwas erzähle! Also, dann setz dich erst wieder ordentlich an den Tisch und iss fertig!«

»Und du erzählst, versprichst du?«

»Vom Schlaraffenland?«

»Von mir aus.« Franz war gnädig.

»Ach, kann ich ja gar nicht erzählen, weil ich selbst noch nicht dort war.«

»Vater, jetzt mach keine Witze! Du hast versprochen, was zu erzählen!«

»Das tu ich doch schon die ganze Zeit, Raoul! Ich rede. Merkst du das nicht?«

»Aber nix Vernünftiges, das ist doch keine Geschichte!«

So viel zu bitten hatten die Kinder nicht jedes Mal. Aber immer verliefen die Erzählungen eher wie ein Gespräch. Nie war es ein einsamer Monolog.

Meistens hatten die Geschichten eine Beziehung zur Familie.

»Als ich die Anna noch nicht kannte und keine Margarethe da war, die das Essen kochte«, lauerndes Schmunzeln in meine Richtung, »da habe ich auch oft großen Hunger gehabt und musste zusehen, wie ich am besten etwas zu essen bekam. Das war nicht in Deutschland, sondern in Italien. Da bin ich mit dem Rucksack über den Schultern auf Wanderschaft gegangen, getrampt. Am Straßenrand stand ich und habe den Arm so hingehalten und den Daumen hochgestreckt, damit ein Auto anhielt und mich mitnahm.«

»Wo wolltest du denn hin?«

»Gab es da schon richtige Autos, Vater? Ich meine solche wie jetzt.«

»Na klar, Raoul, aber nicht so neu, mehr noch die ganz alten Autotypen. Und dann war ich froh, wenn ich irgendwo einsteigen durfte, und bin möglichst erst wieder ausgestiegen, wenn ein Kloster in Sicht war. Was ein Kloster ist, wisst ihr, ja?«

»Das ist wo die Mönche wohnen.«

»Mönche oder Nonnen. Richtig! Da habe ich dann gefragt, ob sie irgendetwas zu reparieren haben, vielleicht an den Heiligenfiguren, die es in jedem Kloster gibt. Und dafür durfte ich dann übernachten und bekam auch etwas zu essen. Meistens etwas sehr Gutes. Geld hatte ich nicht, um das zu bezahlen, aber dafür habe ich dann einen abgebrochenen Zeh beim Jesus-kind repariert oder der Maria die abgeschlagene Nase wieder angeklebt oder was sonst von den Steinfiguren abgebröckelt war.«

»Hat dir das Spaß gemacht?«

»Ja, ich glaube schon.«

»Dass du kein Geld bezahlen musstest, war jeden-falls gut, finde ich.«

»Manchmal gab es aber kein Kloster oder etwas Ähnliches an meinem Weg. Und manchmal bin ich auch ein längeres Stück zu Fuß gegangen, wenn mich kein Auto mitnehmen wollte. Und einmal, ganz im Süden von Italien, es war schon Nacht, stockdunkel, sodass ich nichts mehr sehen konnte, und ich war tod-müde. Da habe ich meinen Schlafsack vom Rucksack losgeschnallt, habe ihn auf die Erde gelegt, bin so weit hineingekrochen, dass nur noch die Haare oben he-rausschauten, und sofort eingeschlafen. Und wisst ihr, wovon ich aufgewacht bin?«

»Vom Hunger!«

»Oder es war dir zu hart ohne Bett!«

»Oh, das machte mir nichts aus. Ich konnte über-all schlafen, auch ohne Bett. Nein, es war ein Heiden-lärm um mich herum. Tausend Stimmen und ein lau-tes Gebimmel. Ganz nah! Langsam und vorsichtig habe ich meinen Kopf aus dem Schlafsack gesteckt, und schon kamen viele Leute in bunten Sachen neu-gierig an mich heran, fuchtelten mit den Armen über mir herum, waren furchtbar aufgeregt. Ich verstand natürlich kein Wort. Und als ich dann richtig wach war und aufstehen wollte, da merkte ich erst, wo ich mich in der dunklen Nacht hingelegt hatte. Genau zwischen die Schienen der Straßenbahn! Die konnte wegen mir nicht weiterfahren und hat deshalb so viel gebimmelt. Alle Leute waren hinzugelaufen, um zu sehen, was los ist.«

Staunendes Schweigen am Esstisch.

»So! Zufrieden, Raoul? Das war meine Geschichte für heute.«

»Ja, stimmt das denn wirklich? Hast du wirklich zwischen den Schienen geschlafen?«

»Glaubst du das nicht?«

Man sah es ihm an. Nach so einer Geschichte blickte der Erzähler gern in die zweifelnden, halb gläubigen, halb ungläubigen Gesichter der Kinder und nicht weniger gespannt zu Hanny und mir herüber. Anna kannte das ja von ihm. Er erzählte nie genau dieselbe Geschichte. Jedes Mal lief seine Phantasie in eine andere, neue oder abgewandelte Richtung.

Hanny ging es ähnlich wie mir. Man sollte sich äußern. Er lauerte. Aber was sagte man nun? Zeigte man, dass man alles Erzählte für möglich hielt, oder zweifelte man, obgleich man vieles tatsächlich für realistisch Erlebtes halten konnte? Diesen Augenblick kostete er voll aus. Dem verschmitzten Lächeln konnte man entnehmen, dass er wusste, wie unsicher wir uns fühlten.

Er allein wusste, wie viel vom Erzählten wirklich stimmte. Es einfach nur so als schöne Erzählung hinzunehmen, war kaum möglich. Man konnte nicht anders, man verband den Inhalt unwillentlich mit der Person des Erzählers.

Anna hatte einen Sekretär gekauft, der seinen Platz im Wohnzimmer fand. Ein altes Stück aus schönem, hellem Holz, die Innenflächen schwarz gebeizt, bestimmt für ihre persönlichen Schreibutensilien sowie für das sonntägliche Geschirr.

Wusste ich auch inzwischen von Annas besonderem Geschmack und ihrem speziellen Stilempfinden, so war ich trotzdem über alle Maßen erstaunt, als sie eines Tages einen Malerpinsel zur Hand nahm, ihn in einen Topf tunkte und die schwarzen Innenflächen mit hell-dreckig-grüner Farbe anmalte. Ich hielt das für eine totale Geschmacksverirrung und hatte allein das ursprüngliche Schwarz als passend empfunden. Ich behielt meine Meinung aber für mich, wie sich das auch gehörte. Im Lauf der Wochen gewöhnten sich meine Augen wenigstens ein klein wenig an das grässliche Grün hinter den Glasscheiben im oberen Teil des Sekretärs. Leider waren gerade die Trinkgläser für diese einsehbaren Fächer bestimmt. Wie gerne hätte ich undurchsichtige Stapel von Tellern und Tassen dort aufgebaut, um den Anstrich zu verdecken!

Gemeinsam mit Hanny ging ich ins Theater. Das Erste, was ich sah, war Peter Weiß' »Die Verfolgung und Ermordung Jean Paul Marats« im Schillertheater. Dem folgten während meines Berlinjahres viele andere Stücke. Und trotzdem meine ich, es war nicht genug. Ich hätte noch viel öfter gehen, sehen und hören sollen. Aber wenn Grassens ausgingen, musste für die Kinder jemand im Haus bleiben.

Im Schillertheater hing ein Porträt unseres Dichters.

Eine Federzeichnung, die Hanny und ich mit unserem Laienurteil als wenig gut und auch kaum typisch ansahen. Dagegen fand ich eine Großformat-Fotografie von Laura, die ich eines Tages im Schaufenster des Fotoateliers von Grass' gutem Bekanntem am Ku'damm entdeckte, sehr gelungen und typisch. Das war sie, die dunkelhaarige Laura mit dem träumerischen und dennoch Ich-weiß-was-ich-will-Blick. Ein Schnappschuss. Es schien, als lehnte sie sich an ein Regal, schaute zwischen den Regalplatten hindurch und hätte die kleine Metallschachtel mit Malkreidestiften in ihrer Hand längst vergessen.

Schwester Hanny zeigte mir indes gewissenhaft, wie man einen Säugling versorgt. Und schon kam der Tag, an dem weder Mutter noch Kinderschwester erreichbar waren und ich das Baby baden, wickeln und füttern sollte. Das war gut für mich. Es machte mir Spaß. Ich hatte keinerlei Schwierigkeiten. Ich fühlte mich erwachsen, für voll genommen und empfand die mir auferlegte Verantwortung als wohltuend. Hanny hatte ihren allwöchentlichen freien Tag, und Frau Grass war beim Zahnarzt angemeldet.

Als ich Jahre später meine eigenen Kinder versorgte, musste ich oft an Mama Grass denken und ihre Fähigkeit, Verantwortung delegieren zu können. Manchmal hätte ich mir das speziell bei meinem ersten Sohn gewünscht, mit dem ich viel harte Erfahrungen sammeln musste. Auch für Franz und Raoul hatte es schon eine Kinderschwester gegeben, damals in Paris. Solche Hilfen nehmen die Unsicherheit und geben entscheidend mehr Freiraum.

Wenn Laura krank wurde und hohes Fieber hatte, fuhr Schwester Hanny mit ihr zum Arzt. Frau Grass konnte durchaus in die Stadt gehen, um Wichtiges zu erledigen. Hanny überwachte sorgsam Lauras Genesung von einer Lungenentzündung. Sie gab Laura in regelmäßigen Abständen, Tag und Nacht, eine himbeerfarbene Medizin, beratschlagte mit Frau Grass, wie und was am besten für das Kind war. Die Mutter hatte ruhigere Nächte, wusste das kranke Kind in guten Händen.

Frau Grass war immer freundlich, nie gereizt oder launenhaft. Selbst wenn Franz und Raoul ihre Geduld und Nervenstärke in Sachen Hausaufgaben für die Schule strapazierten und sie dort energisch werden musste, traf uns kein einziges ungeduldiges Wort.

Die zweite Kinderschwester, die ich in Friedenau erlebte, staunte ungläubig über diese Ausgeglichenheit.

»So etwas gibt es nicht noch einmal. Das ist nicht normal.«

Also, dachte ich, dann liegt es doch nicht an der Schweizer Mentalität, wie ich angenommen hatte. Denn diese urteilende Kinderschwester kam ebenso aus der Schweiz. Sie empfand Anna Grass' Verhalten, ebenso wie ich, als ungemein wohltuend. Dabei hätte Anna Grass sicher oft Grund gehabt, in unterschiedlichsten Stimmungen zu sein. Nicht in Bezug auf das alltägliche, gut organisiert ablaufende Leben im Haus. Aber doch vielleicht im Schatten ihres Ehemanns, der Ruhm sammelte und ein reichlich öffentliches Leben führte.

Günter Grass erzählte bei einer der vielgeschätzten Mittagsmahlzeiten, nur ein einziges Mal habe er Anna richtig wütend gesehen.

»Weißt du noch?«

Er fragte schmunzelnd und triumphierend zugleich.

»Ja, allerdings!«

Anna nickte temperamentvoll mit dem Kopf, während sie der widerstrebenden Laura Löffel um Löffel in den Mund schob. Im Gegensatz zur Mutter hatte Laura durchaus ihre Launen.

»Was hast du denn da gemacht, Mama?«, wollte Franz wissen.

»Ach, weißt du, das ist schon eine ganze Weile her, als Günter gerade anfing, berühmt zu werden.«

»Also, vorstellen kann ich mir das gar nicht. Sie und richtig wütend?«, meinte Hanny.

»Oh, ich kann schon!«, kam es da lachend und überzeugend.

»Da waren wir zu einem Ball, und alle Männer kamen zu Anna, um mit ihr zu tanzen. Aber alle forderten sie nur auf, weil sie bei der Gelegenheit mit zweideutigen Blicken fragen wollten: ›Na, wie ist denn der Günter so?‹ Und nach einer Weile hat's der Mama gereicht. Da hat sie ihr Glas genommen und mit voller Wucht an die Wand geworfen. So wütend war sie. Du hattest einen richtig roten Kopf bekommen.«

»Hast du das wirklich gemacht?«, fragte Raoul.

Und Franz fragte: »Ist das Glas in tausend Scherben zersprungen?«

»Na klar!«

»Wenn die sich so verhalten, ist das aber auch eine Gemeinheit!«

Hanny war mitfühlend.

»Ja, so ergeht es mir aber immer, wenn ich mit meinem Mann draußen bin. Wie war das doch neulich, Günter, als wir abends mit dem Taxi nach Hause fuhren?«

»Wann?«

»Letzte Woche, nach dem Theater, als wir den Galilei von Brecht gesehen haben. Erinnerst du dich jetzt?«

Er nickte.

»Da sind wir ins Taxi gestiegen, und der Taxifahrer erkannte meinen Mann und unterhielt sich mit ihm während der Fahrt. ›Guten Abend, Herr Grass. Jawohl, Herr Grass. Genau so ist es, Herr Grass. Das meine ich auch, Herr Grass.‹ Also rechts, links, vorn und hinten und überall Herr Grass. Und am Schluss, als wir vorm Haus ausstiegen: ›Auf Wiedersehen, Herr Grass. Angenehme Nachtruhe, Herr Grass. Gut Nacht, die Dame!‹«

Andererseits wusste Anna Grass durchaus, was die Öffentlichkeit von Prominenten erwartete. Wildfremde Leute, denen zu Ohren kam, dass Anna die Ehefrau von Günter Grass war, und dies betrifft vornehmlich die Damenwelt, brachten es fertig, freundlich anteilnehmend zu fragen, wo sie denn wohl die schicken hohen Lederstiefel gekauft habe.

»Die habe ich mir in Budapest nach Maß anfertigen lassen.«

Ha, das war's, das wollte man hören. In einem gro-

*Anna Grass
im Garten der
Niedstraße*

ßen Berliner Schuhgeschäft standen die gleichen Stie-
fel in allen gewünschten Größen im Schaufenster. Genau dort waren sie auch gekauft worden.

Es ging ruhig zu während der Wochen, die das Familienoberhaupt in Amerika verbrachte. Anna hatte
Besuch von Frau Johnson, ihrer Freundin Ingeborg
Bachmann, von Margret Brandt – eine andere Freundin und Brunos Patentante – und von Frau Wagenbach, deren Mann seinen Verlag damals gerade aus der
Taufe gehoben hatte. Klaus Wagenbach empfand ich

stets als mürrisch und pessimistisch. Mir war er eine Gestalt, die höchstens über die eigenen verächtlich-scharfen Bemerkungen lachen konnte.

Frau Grass ging nur ab und zu aus; an einem Abend in ein Konzert, um einen Schüler des Querflötisten Aurèle Nicolet zu erleben. Nicolet war ein guter Freund der Grassens, der bei anderer Gelegenheit in der Nied-straße zu Gast war, bevor er am Abend ein Konzert in der Stadt gab.

Schade, bei solchen Gelegenheiten mussten wir die Kinder hüten.

Als wir Aurèle Nicolet im Hause erlebten, machte er einen melancholischen Eindruck. Ich meinte, das passe zu einem typischen Franzosen und großen Mu-siker. Anna Grass erzählte, er habe sehr kummervolle Jahre hinter sich. Seine Tochter sei gerade gestorben. Sie habe in den letzten Monaten ihres Lebens nur noch umhergetragen werden können, da sie unter schlimmsten körperlichen Schmerzen litt.

Nicolet im Konzert zu hören, war mir während meiner Berliner Zeit nicht möglich. Doch ein Vergnü-gen ganz anderer Güte bereitete Hanny und mir ein anderes Konzert in der Philharmonie.

»Das wird bestimmt gut. Gehen Sie nur beide hin. Ich bin an dem Abend zu Hause«, unterstützte uns Anna Grass.

»Und wenn die Musik von Boris Blacher gespielt wird, dann achten Sie mal auf den Komponisten. Der erscheint nämlich erst dann zum Zuhören, wenn seine eigenen Werke aufgeführt werden. Ansonsten ist der in keinem Konzert zu sehen«, fügte sie amüsiert hinzu.

Hanny und ich saßen gespannt auf unseren Plätzen, als zum Abschluss des Konzerts Boris Blacher gespielt werden sollte. Und tatsächlich nahm der Meister seinen Platz erst jetzt in der ersten Zuhörerreihe ein. Wir stießen uns mit den Ellenbogen an und grinsten. Und wir applaudierten heftig, als der große, hagere Mann in seinem grauen Anzug nach der Aufführung seines Werkes vor das Orchester trat und sich dem Beifall hingab.

Meine erlernten Kochkünste waren unter Frau Grassens weiterer Anleitung nun so weit gediehen, dass ich sogar alleine damit fertig wurde, Kalbshirn zu kochen, als dieser Vorschlag kam. Zuvor hatte ich schon einmal dem Meister geholfen, es zurechtgemacht, paniert und gebraten. Nun sollte ich es kochen und mit einer hellen Soße auf den Tisch bringen. Insgesamt gelang es gut, wie mir gesagt wurde, und wie gewünscht.

Ich habe es nur unter Schaudern enthäutet.

Und nicht gerade mit großem Verlangen davon gegessen.

Anna holte ihren Mann vom Flughafen ab. Und dann kam das große Hallo. Jubel und Trubel bei den Kindern, die nicht abwarten konnten zu sehen, was der Vater mitgebracht hatte. Ein Koffer landete auf dem Fußboden, gleich neben der Küchentür.

Kofferpacken schien wirklich nicht Günter Grass' Stärke zu sein. Denn nach dem Anheben des Kofferdeckels blickte man auf ein überwältigend hervorquellendes Durcheinander, von dem man im ersten Moment annahm, nicht ein einziger Gegenstand könne direkt identifiziert und im unversehrten Originalzustand hervorgeholt werden.

Aber das Tohuwabohu hatte wohl eine spezielle Grass'sche Ordnung, denn der Reisende zog mit sicherem Griff und ohne zu zögern einen großen Bogen und Pfeile heraus. Es folgten Indianeranzüge für Franz und Raoul. Und dann kam die Indianerkleidung für Laura, die mit ihrem dunklen Pagenschnitt eine perfekte kleine Squaw abgab.

Unter dem vor Wochen von mir so sorgfältig gebügelten rosafarbenen Oberhemd, das nun zerknautscht im Koffergewurschtel lag, kam der neue schwarze Doktorhut zum Vorschein.

Der Vater setzte ihn einem Sohn auf den Kopf.

»Na, sieht der Raoul nicht prima aus!?«

»Ich will den Hut auch mal aufsetzen!«

Schon hatte Franz ihn dem Bruder vom Kopf gerupft.

»Der Günter hat ihn aber mir zuerst aufgesetzt!«

Raoul versuchte, nach dem Utensil zu greifen.

»Ich möchte auch mal den Hut auf dem Kopf haben!«

Laura bemühte sich bei ihrer Mutter.

»Komm, Franz, gib den Hut mal der Laura!«

»Och, jetzt hab ich ihn gerade vom Raoul gekriegt!«

»Bekommst ihn doch gleich wieder!«

Nicht ganz einverstanden, setzte Franz der Schwester den Hut sehr schwungvoll auf.

Klein Laura mit dem Doktorhut, das sah urkomisch aus.

Franz und Raoul wollten je gern selbst im Mittelpunkt der zunehmenden allgemeinen Begeisterung stehen.

Der Kampf ums Streitobjekt begann von Neuem.

Der Hut rollte, wurde mit einer Hand aus der anderen gerissen. Um, über, unter dem großen Esstisch entlang lautes Geschimpfe, Geschrei, Geheule, bis Ehrendoktor Günter kräftig seine Stimme erhob.

»Nun habe ich euch die schönen Indianersachen mitgebracht, und ihr streitet um meinen schwarzen Hut! Das finde ich aber wirklich nicht nett!«

Laut genug war's. Die Kinder hielten inne, besannen sich auf ihre Geschenke. Raoul, der gerade »Besitzer« des Hutes geworden war, gab ihn lässig an den Vater zurück.

»Da! Du kannst ihn wiederhaben!«

Der Hut hatte schwer gelitten. Er war an einer Seite aufgeplatzt. Nur zur Not war er noch als ein Ehrensymbol zu erkennen.

Der erste Begeisterungssturm hatte sich gelegt. Raoul und Franz versuchten es hinter dem Haus mit Pfeil und Bogen. Man nannte es »den kleinen Garten«. Für mich war es ein Hof, weil dort etwas mickriges Gras wuchs, einige Apfelbäume standen, eine Leine für die Wäsche gespannt und der Rest der Fläche als Tummelplatz für die Kinder gedacht war. Dort bauten sie mit Vorliebe aus Brettern, Latten und Steinen Hütten auf der dunklen, sich bei Regenwetter in eine Matschlandschaft verwandelnden Erde. Sonnenschein erreichte

*Die Zwillinge
im Garten*

Kinderbauwerk. Die Zwillinge und Laura

nur sehr spärlich und für ganz kurze Zeit des Tages einen kleinen Teil dieses von anderen Häusern umstellten Platzes.

Vater Günter musste mit nach draußen und zeigen, wie man Pfeil und Bogen fachgerecht benutzt. Und Laura – sie stand in ihrem Indianer-Look dabei und wollte auch mal schießen.

Hanny und ich erlebten Mozarts »Così fan tutte« in der Deutschen Oper Berlin. Es war eine großartige Aufführung. Karten dafür, sonst schlecht zu bekommen, hatte Frau Grass uns geschenkt.

Nun saßen wir in der siebten Reihe und fühlten uns geehrt, denn der Sänger auf der Bühne war ein Freund der Familie. Startenor Ernst Haefliger hatte seine beiden Dienstkarten weitergegeben, damit wir diese Aufführung sehen konnten.

Er sang zusammen mit Gloria Davy. Wie er selbst später erzählte, war gerade dieser Abend von besonderer Güte. Für mich, als Mozart-Liebhaberin, war es sowieso ein großer Genuss!

Zwei Tage später klingelte nachmittags das Telefon. Es stand im Flur. Der Hausherr nahm ab. Ich war in der Küche. Er schaute durch die Tür, um auf der Küchenuhr nachzusehen, wie spät es war. Eine Armbanduhr besaß er anscheinend nicht, und falls doch, hatte er sie nie bei sich. Er ließ die Tür offen, ging zurück ans Telefon.

»Ja, dann komm doch so in zwei Stunden, wenn ich wieder da bin. Anna ist dann auch zurück.«

Mit den Gedanken schon wieder ganz woanders,

ging er nach oben in sein Atelier. Anschließend fuhr er in die Stadt.

Gegen Abend war ich mit dem Vorbereiten des Nachtessens beschäftigt. Wurst und Käse wie üblich.

»Sollen wir nicht mal etwas anderes dazu essen? Es wird sonst langweilig. Wenn noch genügend Eier da sind, könnten wir doch Spiegeleier braten.«

»Ja, soll ich? Es sind genug im Kühlschrank.«

»Oh, gut! Und dann könnten wir auf der Terrasse essen. Es war heute so warm, dass es jetzt sicher noch nicht zu kühl dazu ist.«

Wenn Anna Grass in der Wir-Form sprach, entschied sie selbst und half hier und da auch ein wenig mit, weil es gerade nichts Wichtigeres für sie zu tun gab.

Die kleine Terrasse schloss sich ans Wohnzimmer an, lag an der Frontseite des Hauses, war zur Straße durch Sträucher geschützt und mit einer blau-weiß gestreiften Markise überdacht.

Der Tisch war gedeckt, die Eier brutzelten in der Pfanne. Grass war aus der Stadt zurück.

Hanny trommelte die Kinder zum Händewaschen zusammen.

Es klingelte an der Haustür.

Während ihr Mann den Besucher ins Wohnzimmer führte, kam Anna Grass in die Küche gestürzt.

»Ich habe gerade von meinem Mann gehört, dass er einen Gast zum Abendessen eingeladen hat!«

Sie ging an den Küchenschrank und holte rasch ein weiteres Gedeck heraus.

»Hat er Ihnen davon erzählt?«

»Nein! Aber mir fällt ein, dass er heute nachmittag telefoniert hat und zwischendurch in die Küche gekommen ist, um auf die Uhr zu schauen. Dann hat er etwas von ›also bis in zwei Stunden‹ ins Telefon gesagt. Das war alles.«

»Wäre schon besser, wenn er uns so etwas vorher sagen würde.«

»Soll ich schnell noch zwei Eier in die Pfanne schlagen? Sind gerade noch zwei da.«

»Ach ja, bitte.«

Stolz darauf, alle Spiegeleier heil und unzerlaufen auf eine Platte manövriert zu haben, ging ich damit zur Terrasse. Ich wünschte einen guten Abend, und der Gast, im Gespräch mit Grassens, erwiderte den Gruß.

Schwester Hanny und ich achteten während des Essens auf die Kinder. Nebenbei schaute ich auf den Mann mir gegenüber. Ich kannte ihn nicht. Er war nicht gerade von zarter Gestalt, eher korpulent, gedrungen und wirkte etwas massiv. Sein Gesichtsausdruck konservativ, dickrandige dunkle Brille. Nichts Besonderes. Mal ein »Normalmensch« im Hause Grass, ein guter Freund aus alten Zeiten.

Hanny stand auf, um nach Bruno zu sehen, weil man ihn oben weinen hörte. Ich ging rasch in die Küche, um Brot nachzuholen. Während ich mit dem großen Messer Scheibe für Scheibe abschnitt, kam Hanny in die Küche.

»Du, weißt du, wer das ist da am Tisch?«

»Nee. Mit Namen ist er mir nicht vorgestellt worden.«

»Aber mir. Ich kam gerade die Treppe herunter, mit Laura an der Hand, als Günter ihm öffnete. Den haben wir vor zwei Tagen in der Deutschen Oper gesehen!«

»Du meinst doch nicht etwa Ernst Haefliger?«

»Doch!«

»Das kann ich kaum glauben! Den hätte ich nie wiedererkannt! Der sieht ja völlig verändert aus. Und überhaupt nicht wie ein Bühnenmensch, der die schönen Künste beherrscht!«

»Tja, da staunst nicht nur du. Ich habe mich vorhin gleich noch mal für die Opernkarten bedankt.«

Wieder am Esstisch, dachte ich darüber nach, wie viel ein Kostüm, das Make-up, das Licht und die Kulisse auf der Bühne verändern können. Dennoch erschien es mir nahezu unfassbar, Ernst Haefliger mir gegenüber zu haben. Vielleicht weil er hier nichts Künstlerisches zur Schau stellte, sich nicht produzierte und sich keinesfalls arrogant, sondern wie ein ganz normaler Mensch benahm.

Er hatte es ebenso wenig nötig wie unser Chef, im Alltag groß aufzutreten.

Das tat auch der Mann in dem kleinen Geschäft an unserer Straßenecke nicht. Er war groß, schwarzhaarig, mittleren Alters und stand meist im Trainingsanzug hinter seinem Ladentisch. Er verkaufte Zeitungen, Süßigkeiten, Tabak und sonstige Kleinigkeiten. Seine Frau half ihm häufig, die Kundschaft zu bedienen. Sie sah blass und kränklich aus, erwartete Nachwuchs und machte einen sorgenvollen Eindruck.

Ein halbes Jahr nach dem Aha-Erlebnis mit Haefliger ging ich mit Bekannten ins Theater des Westens. Ich erzählte Frau Grass davon. »Oh, dann erleben Sie ja unseren Nachbarn auf der Bühne!«

»Welchen Nachbarn?«

»Den Mann vom Laden hier an der Ecke. Sie werden sich wundern. Der singt die Rolle des Prinzen!«

»Oh!« Mehr sagte ich nicht.

Ich hatte doch nicht vermutet, dass der singen kann. Ich kaufte da immer Schokolade. Er sah für mich auch überhaupt nicht wie ein Sänger aus. Nun war ich doppelt gespannt.

Auch er sah verändert aus. Wie auch anders – nach dem Wechsel aus dem Trainingsanzug in das schimmernde Kleid eines Prinzen! Dennoch, ich erkannte ihn, sobald er auf die Bühne trat. Ernst Haefliger dagegen schien bei jedem Auftritt in eine völlig andere Haut zu schlüpfen.

Frau Grass erzählte uns irgendwann, dass Aurèle Nicolet und Ernst Haefliger gute Bekannte waren und einst für eine Weile gemeinsam eine Wohnung teilten.

Jeden Morgen kam Panik über den Sänger. Dann nämlich, wenn er aufstand, sich ins Bad begab und dort mit den ersten Stimmübungen des Tages begann. Für Aurèle Nicolet wurde die frühe Morgenstunde zur nervlichen Strapaze, wenn es täglich losging.

»Mi-mi-mi-mi…«

Und voll schrecklichen Erkennens: »Meine Stimme ist weg!«

»Do-re-mi-fa-so-la-ti-do!«

Weitere Stimmakrobatik folgte, immer wieder unterbrochen von panischem Aufstöhnen:

»Oh Gott! Meine Stimme ist weg!«

Nach Ablauf dieser allmorgendlichen Szene war die Stimme voll da. Der Mann hatte sich eingesungen. Aber Nicolet trennte sich nach einiger Zeit von der gemeinsamen Behausung. Er wollte seine sensiblen Nerven schonen.

Wir lachten herzlich beim Gedanken an dieses Morgentheater.

Sommer

Um diese Zeit, im Juni, waren meine Kochkünste nach Grass'scher Schule so weit gediehen, dass ich die beliebte Hammelkeule eigenhändig gut zurechtmachen und braten konnte.

Was ich auch auf den Tisch brachte, das Essen wurde gelobt. Kritisiert oder gar getadelt wurde ich nie. Selbst dann nicht, wenn mir aus Versehen zu viel Salz in die Salatsoße rutschte, was mir wohl zwei-, dreimal passierte. Herr Grass sagte dann schmunzelnd: »Unsere Margarethe muss doch wohl verliebt sein.« Frau Grass lächelte dazu.

Es war schon längst eine Ausnahme, wenn er oder sie sich während des Kochens in der Küche aufhielten. Dann musste schon etwas Spezielles geplant sein, oder er musste gerade Lust zum Kochen verspüren und Zeit dazu haben.

Der nächste Anlass für derartig Besonderes rückte allerdings näher. Walter Höllerer, Professor und Leiter des Literarischen Colloquiums, ein guter Freund der Familie, wollte in den Stand der Ehe treten und seine geliebte Renate heiraten. Da er nicht mehr Anfang zwanzig war, hatte Günter Grass ihm ein Versprechen gegeben.

»Wenn du doch noch jemals heiraten solltest, dann mache ich dir die Hochzeitsfeier!«

Ein halbes Jahr später war es überraschend so weit. Das Versprechen war einzulösen.

Wiederum fand ein großes Kochen statt. Am Mittagstisch beriet das Ehepaar, welche verschiedenen Dinge besorgt und erledigt werden mussten.

»Also, ich gehe jetzt gleich anschließend zum Schlachter und bestelle das Fleisch. Dann kann er uns am Tag zuvor alles bringen. Ha, und dann wird aber gekocht, Margarethe! Helfen Sie mir?«

»Ja, natürlich!«

»Soll ich zwei große Kalbsrollbraten dazunehmen, Anna?«

»Ja, einer ist vielleicht nicht genug, bei mehr als hundert Personen. Ich habe übrigens heute Morgen farbiges Seidenpapier gekauft für die Tischdekoration. Daraus bastele ich große bunte Blumen, die wir auf die Tische legen können. Dann sieht es nicht so langweilig aus.«

»Prima Idee!«, sagte Günter. »Machst du dann noch irgendeinen Salat?«

»Ich denke an Reissalat.«

»Gut, dann kümmere ich mich nur um die Braten. Fleisch für die Gulaschsuppe bringe ich jetzt gleich schon mit. Die will ich heute Nachmittag kochen und alles andere morgen.«

Am Tag zuvor hatte ich schon eine Hochzeitstorte gebacken. Nicht so ein phantastisch aussehendes Gebilde, wie man es beim Konditor für solche Fälle bekommen kann, sondern eine Nusstorte, die ich, so gut ich es vermochte, mit Zuckerguss, Nüssen, Mandeln und bunten Zuckerperlen verzierte. Auch das überließ Frau Grass meinem Versuch und meiner Phantasie.

Dann wurde ein riesiger Kochtopf organisiert, den sie am Tag vor der Hochzeitsfeier mit herrlicher Gulaschsuppe füllte und per Taxi zum Haus von Hans-Werner Richter transportierte. In der schönen alten Villa des Initiators der »Gruppe 47« im Grunewald sollte das Fest stattfinden. Unendlich erleichtert kam sie zurück, denn die schwappende Suppe im Kofferraum des Taxis hatte ihr unangenehme Gedanken bereitet. Bei jedem Bremsen und Wiederanfahren, in jeder Kurve dachte sie: Spätestens jetzt läuft es da hinten über!

»Da habe ich mehr gezittert als am ersten April auf dem Weg ins Krankenhaus mit Bruno im Bauch«, sagte sie zu Hanny. Die Suppe war gut angekommen.

Schon früh am Vormittag kam Günter Grass in die Küche. Es ging richtig los. Dagegen war die Kocherei für das Tauffest eine Kleinigkeit gewesen. Im Bratrohr brutzelte es von morgens bis abends. Ich stand diesmal mehr als zwei Stunden am Küchentisch, um die Fleischstücke für die Sülze klein zu schneiden.

Der Metzger hatte angeboten zu kommen, um die großen Kalbsrollbraten fachgerecht zu wickeln. Aber als der auftauchte, waren wir schon alleine fertig geworden. Ich hatte dabei lediglich das Fleisch zusammenzuhalten, das mein Lehrmeister geschickt mit Bindfaden umschnürte. In einem großen, wannenähnlichen Gefäß vermengte ich alle Zutaten für die Hackbraten.

Grass fragte: »Haben wir irgendwo eine Reibe? Dann könnten wir die Zwiebeln dem Gehackten ganz fein beigeben. Dann hält alles schön zusammen.«

Also rieb ich die scharfen Zwiebeln. Die Tränen schossen nur so aus meinen Augen. Herr Grass war sichtlich schadenfroh. Zu seiner Frau sagte er: »Schau dir mal unsere Margarethe an! Die weint Freudentränen! Und das wegen der Zwiebeln ...«

»Und du hast kein bisschen Mitleid. Arme Margarethe!«

»Na, ich bin gleich fertig damit.«

»Und dann müssen Sie das wieder richtig gut durchkneten!«

Wie an einem Backtrog stand ich vor der riesigen Schüssel und ackerte. Die Ärmel hochgekrempelt, knetete ich kräftig mit beiden Armen und Händen. Er fand das so richtig zünftig und erzählte mir eine Geschichte.

»Ein Freund von mir war in den Vereinigten Staaten und wurde von jemandem zum Essen eingeladen. Es gab Buletten, die ihm ganz vorzüglich schmeckten. Er fragte den Gastgeber, ob er ihm das Geheimnis der Zubereitung verraten würde. Der nahm ihn mit in die Küche. Und was, glauben Sie, sah mein Freund dort? Eine enorm dicke Negerköchin! Sie formte die Buletten, indem sie sie auf ihrem dicken, runden, braunen Bauch herumrollte! ›Sehen Sie, das ist mein Geheimrezept der Zubereitung köstlicher Buletten‹, sagte der Gastgeber.«

Herr Grass sah mich freudestrahlend an. Wie immer lauernd, ob ich es glaubte oder nicht.

Die vorbereiteten Genüsse per Taxi zur Grunewald-Villa zu befördern, war, verglichen mit dem Gulaschsuppentransport, eine Kleinigkeit. Unsere Reinemachefrau, Frau Asse, eine waschechte Berlinerin mittleren

Alters, und ich sollten dann Hilfe leisten beim Hochzeitsfest.

Vormittags fand die standesamtliche Trauung statt. Anschließend wurde im kleinen Freundeskreis darauf geprostet und der erinnerungswürdige Moment im Foto festgehalten. Günter kniete im Vordergrund zu Füßen des Hochzeitspaares.

Am Nachmittag fuhr ich mit Frau Grass zur Grunewald-Villa. Mit Frau Asse begann ich in der riesenhaften alten Küche im Kellergeschoss, die vielen Braten und Fleischsorten aufzuschneiden und unsere Produkte in Reih und Glied auf Platten zu legen. Anna Grass machte sich, wie andere weibliche Gäste, im Ankleidezimmer festtagsfein.

Hans-Werner Richter hatte uns orientierungshalber zuvor die großartigen Räumlichkeiten seines Hauses gezeigt, den Garten einbezogen. Hier konnten die Gäste an langen Tischen Platz nehmen und sich unter einer Laube mit Bier und anderen alkoholischen Getränken versorgen.

Die Hochzeitstorte und drei andere von mir gebackene Kuchen stellte ich auf den Büfetttisch. Die wachsende Gästeschar bediente sich selbst.

Frau Grass kam in die Küche, beriet mit uns letzte Kleinigkeiten, dekorierte große unzerteilte Tomaten rings um den Rand zweier riesiger Schüsseln mit Reissalat. Und wieder erntete ich unverständliche Blicke und Bemerkungen von verwöhnten Damen, die nicht so ohne Weiteres hinnahmen, dass ein kaltes Büfett hier anders aussah als im Hotel Hilton.

Zwar fand ich die dicken Tomaten als einzige Verzierung auch recht plump, aber schließlich war das Frau Grass' Idee. Und für Firlefanz und Schnörkel hatte man bei Grassens eben nichts übrig.

Zur Trauung hatte die Braut ein schlichtes helles Kostüm getragen. Nun war sie in ein langes, einfarbig grünes Festgewand gekleidet. Dieses Hochzeitskleid von so ungewöhnlicher Farbe hatte einen langen, in kleine plissierte Falten gelegten Rock und war in der westdeutschen Modemetropole Düsseldorf ausgesucht worden. Für manche Leute gab der Berliner Modemarkt nichts her, was dann wohl eine Flugreise erforderlich machte.

Am Abend dann gab es einen gewaltigen Regenschauer. Alle Gäste flüchteten ins Haus. Nur die Musik klang noch laut und stetig durch die geöffneten Terrassentüren nach draußen.

Zu fortgeschrittener Stunde marschierten zwei Polizeibeamte durchs Gartentor. Nachbarn fühlten sich gestört.

Der Regen hatte aufgehört. Die Musiklautstärke wurde reduziert. Die uniformierten Ordnungshüter schienen die willkommene Abwechslung zu schätzen und standen im Garten, plauderten hie und da und freuten sich besonders, als das Brautpaar kam und sich ausgiebig mit ihnen unterhielt. Dabei erwiesen sie sich vor allem als neugierige Prominentenjäger. Ich hörte, wie sie das grüne Kleid bewunderten und überhaupt nicht glauben wollten, die Braut vor sich zu haben.

»Ein Hochzeitskleid muss doch weiß sein!«, meinte einer der Beamten im Brustton der Überzeugung. Dann kam man schnell zu heitereren Themen. Und wieder auf Prominente. Staunend, fast ungläubig, vernahmen sie es. Günter Grass war unter den Gästen, für sie ohne Zweifel der populärste Name.

Die Farbe der Seidenpapierblumen zerfloss auf den Tischen. Der Regen schuf so besonders aparte Dekorationen. Die Stunde war fortgeschritten, das Fest klang aus.

Nach Mitternacht ging Frau Asse, und ich fuhr mit Annas Freundin, Margret Brandt, im Taxi davon. Sie stieg bei ihrer Wohnung aus.

Als ich endlich in Friedenau ankam, war Hanny noch wach. Ich musste alles erzählen. Gern wäre auch sie dabei gewesen, um die besondere Atmosphäre zu schnuppern.

Zwei Tage später, abends, kam unerwartet das Ehepaar Höllerer zu Besuch, als Hanny und ich bei Frau Grass im Wohnzimmer saßen. Herr Grass gesellte sich dazu. Erst sprach man über das Fest, dann über andere Themen, und Anna Grass bedeutete Hanny und mir, nicht zu gehen und ihnen Gesellschaft zu leisten. Besonders lustig wurde es, als Höllerers von ihrer ersten gemeinsamen Reise erzählten. Sie waren nach Mexiko gefahren. Ihre Erlebnisse mit Kakerlaken im Schlafzimmer des Hotels und einer noch größeren, widerlicheren, mehrbeinigen, glubschäugigen Kreatur, der sich Frau Höllerer nichtsahnend plötzlich im Badezimmer gegenübersah, ließen uns mit roten Ohren zuhören und juchzen.

Für Hanny und mich war es einer der schönsten Abende im Hause Grass. Wir waren eben nur selten im Wohnzimmer, wenn die Herrschaften Besuch hatten.

Sommerferien. Ich flog für zehn Tage zu einer Freundin. Meine erste Flugreise – das war spannend.

Anna Grass reiste in der Zeit, unterstützt von Hanny, mit den Kindern in die Schweiz zu ihren Eltern.

Günter Grass hielt sich in westdeutschen Groß- und Kleinstädten auf, um Wahlreden für Willy Brandt und die »Es-Pe-De« zu halten. In Annas Heimat würde er in dieser Zeit nicht kommen.

Ich dagegen fuhr nach dem Besuch bei meiner Freundin Anna und den Kindern hinterher. Nach meiner Ankunft in der Schweiz ging's in das kleine Städtchen Lenzburg. Das große Haus konnte uns alle aufnehmen. Hanny schwärmte mir schon auf dem Weg dorthin von all dem vor, was wir im Berliner Heim vermissten und was hier im von uns gewohnten Stil vorhanden war.

»Da gibt's Tischdecken! Ha, und ich sage dir, es ist ein tolles Haus! So richtig, wie man sich das vorstellt. Viele Zimmer und überall schöne Möbel. Sogar ein bisschen Nippes hier und da!«

»Teppiche vielleicht auch noch?«

»Klar! Mehr als genug!«

»Tapeten?«

»Aber sicher!«

»Das ist ja nicht zum Aushalten für Entwöhnte!«

»Nur keine Bange!«

»Weißt du was, Margarethe, wir haben auch einen Swimmingpool bei der Großmutter.« Raoul machte eine wichtige Miene.

»Muss nur das Wetter noch heißer werden, damit wir einen ganzen Tag darin schwimmen können«, fügte

Franz hinzu und ruderte wie wild mit seinen Armen in der Luft herum, um uns seine geplanten Aktionen zu veranschaulichen.

»Und der Garten ist groß und gepflegt. Fast wie ein Park, nicht so wie die ›Landschaft‹ hinterm Haus in Berlin.« Hanny grinste schelmisch.

»Na, das klingt so, als ob dort alles schöner ist.«

»Bist hier doch auch in unserm schönen Schweizer Ländli.«

»Ja, stimmt, da wo ich mit dem Zug entlanggefahren bin, waren überall Berge zu sehen.«

»Was sagst du da, Berge? Da hast du wohl noch nie richtige Berge gesehen? Die hier schauen wir kaum an, das sind doch allenfalls Hügelchen.«

Da war ich wohl in einem der Schweizer Fettnäpfchen gelandet, ich Unwissende, frisch aus der norddeutschen Tiefebene kommend.

Für die folgenden zwei Wochen fand ich mein Betätigungsfeld in der Großfamilie von Anna Grass. Es ging viel konservativer zu als in Berlin. Man richtete sich nach dem Herrn des Hauses. Die Mittagsmahlzeit begann pünktlich und prompt, sobald er erschien und Platz genommen hatte.

So stellte man sich das ja auch vor, bei der Schweiz, dem europäischen Land mit der hinterherhinkenden Emanzipation.

Ich sah, wie die Großmutter sich bemühte, wie gewohnt ihrer Hausfrauenpflicht nachzukommen. Ein nicht ganz einfaches Unterfangen. Denn eine komplette Familie plus Kinderschwester und Praktikantin, mit anderen Gewohnheiten und nicht einfach einzuordnenden Kindern, war in dieses idyllische Leben eingefallen.

Trotz des Trubels blieb die Großmutter gewohnheitsmäßig bestrebt, vormittags für eine Stunde am Flügel zu sitzen und Mozart-Sonaten zu üben. Dann war die Wohnzimmertür von innen verschlossen.

Annas jüngste Schwester hatte Geburtstag. Anlass für ein Familientreffen und ein besonders gutes Mittagessen. Sie kam mit Ehemann und Töchterchen, wie auch Heli, Annas zweite Schwester Helene. Somit war die Schweizer Familie vollzählig.

Ich lernte eine landeseigene Spezialität zuzubereiten: Schweinefilet, mit gekochtem Schinken umwickelt, in geriebenen Teig eingerollt und im Bratrohr gebacken.

Von Anna Grass bekamen Hanny und ich die »Fränkli« für einen größeren Ausflug. Für mich war das ein vorgezogenes Geburtstagsgeschenk. Wir fuhren in die Berge. In die richtigen Berge!

Das nun war für Hanny eine Gelegenheit, mir stolz ihre über alles geschätzte Heimat zu zeigen. Zumindest einen kleinen Ausschnitt davon. Es war für mich ein großes Glück, eine solch kundige Führerin zu haben für eine herrliche Wanderung von der Höhe des Rigi aus talwärts. Über den Vierwaldstätter See fuhren wir nach Luzern.

Mein eigentlicher Geburtstag fiel auf unseren großen Reisetag. Wir fuhren nach Nordfrankreich. Dort wollten die Grassens samt erweiterter Familie zusammen mit Annas Schwestern und deren Familien die eigentlichen Sommerferien verbringen. Nur Schwester Hanny blieb mit Bruno bei den Großeltern in der Schweiz, da Anna Grass ihr Kind noch nicht dem rauen Meeresklima aussetzen wollte. Außerdem war es so ja auch bequemer.

Aber ich durfte mit. Zwar arbeitenderweise, aber glücklich. Denn ich liebe Sand und Meer. Mit Koffern und Taschen bepackt, Laura, Franz und Raoul im Schlepptau, gingen Frau Grass und ich auf die Reise. Zweimal mussten wir umsteigen – mit Kindern und allem Sack und Pack. Weil die Zeit knapp war, eilten wir, die Kinder anspornend, die Treppenstufen zum nächsten Bahnsteig hinauf. Franz und Raoul hatten je ein kleineres Gepäckstück zu tragen. Nun konnten sie nicht so rasch folgen. Raoul geriet in Panik und brüllte hinter uns her, die wir nur wenige Schritte vor ihm waren. Wir wollten die Koffer am einfahrenden Zug absetzen. Sein Geschrei war meilenweit zu hören. Ich beeilte mich, umzukehren und ihm vorwärtsdrängend ungeduldig die Situation zu erklären und immer wieder zu versichern, dass wir ihn bestimmt nicht irgendwo stehen lassen oder gar ohne ihn weiterfahren würden. Nach dieser Angstpartie fanden wir unsere reservierten Plätze im Erste-Klasse-Abteil der Eisenbahn in Richtung Paris.

Anna Grass schaute aus dem Fenster und freute sich riesig.

»Kinder, jetzt geht's nach Frankreich, nach Paris!«

Diese Stadt war wie ein Stückchen Heimat für sie. Dort hatte sie mit ihrem Mann gelebt, als er noch nicht berühmt war, als er noch ihr allein gehörte. Und da hatten die Zwillingsbuben ihre ersten Lebensjahre verbracht, ohne sich allerdings noch daran erinnern zu können.

In Paris angekommen, ging es per Taxi durch das brodelnde Stadtgewühl. Ich staunte und staunte.

Im Hotel erwartete uns Günter Grass, der von seiner Wahlkampfreise durch Westdeutschland direkt in die französische Hauptstadt gefahren war. Begeistert Erinnerungen ausgrabend, fuhren wir alle zusammen mit der Métro zu dem Stadtviertel, wo Grassens gewohnt hatten. Sie wollten mir zeigen, wie ihre Pariser Behausung aussah, in der er die »Blechtrommel« geschrieben hatte, die ihn schlagartig berühmt machte. Von der Straße aus gingen wir durch ein Tor in der ununterbrochenen Häuserzeile und fanden uns in einem Hinterhof wieder, in dem sich Unmengen von Krempel an Hauswänden und in Ecken zu Bergen türmten.

Frau Grass sah sich um.

»Was sieht das hier aufgeräumt und ordentlich aus!«

»Ordentlich?«

»Ja, Margarethe! Das hätten Sie früher mal sehen sollen. Vielleicht hat der Hausbesitzer gewechselt, denn unserer damals war ein ziemlich unverträglicher Typ und kümmerte sich um gar nichts. Da oben, wo die vergammelten Geranien vor dem großen Fenster stehen, da wohnte er. Vielleicht ist er ja immer noch dort.«

Raoul wurde ungeduldig und rief, als käme es von einem Endlosband, immer wieder: »Vater! Vater! Vater! Vater!...«

Das konnte er mit nervenruinierender Intensität, wobei er die von ihm gemeinte Person am Ärmel zupfte und schüttelte oder mit schnellen Schlägen auf den Rücken klopfte.

»Was willst du denn, Raoul? Lass mich doch erst mal die Laura wieder hinstellen!«

Der Vater hatte sie hochgehoben, damit sie über die Mülltonnen hinweg in die unteren Fenster hineinsehen konnte.

»Vater, ist das die Tür, wo ihr immer reingegangen seid?«

»Ja, genau! Laura, hast du was gesehen?«

»Nicht so richtig«, sagte Laura wenig beeindruckt.

Kein Wunder, die blinden Fensterscheiben gewährten kaum Einblick, und vor zwei Fenstern hingen alte graue Gardinen. Frau Grass ging ganz nah heran, versuchte, mit der Hand den Spiegeleffekt der Fensterscheibe abzudecken, konnte aber auch nicht recht durchblicken.

»Diesen Raum benutzten wir als Küche. Sieht jetzt ja nicht sehr danach aus.«

»Wie 'ne Waschküche«, fand ich.

Es war das Fenster mit den verstaubten Scheiben, hinter denen man im dunklen Inneren Zinkeimer, Kübel, eine alte Badewanne, Blumentöpfe und Reisigbesen erkennen konnte.

»Unser Badezimmer war dahinter. Da haben wir euch immer gebadet.«

»Mich?«, fragte Franz. »Kann ich mich gar nicht mehr dran erinnern.«

»Da warst du auch noch ein Baby.«

»Und eine Kinderschwester hatten wir auch, wegen der Zwillinge«, fuhr er fort. »Weißt du noch, Anna, wie das war, wenn wir Besuch hatten und in dem engen, kleinen Wohnzimmer saßen?«

»Allerdings! Wissen Sie, Margarethe, im Wohnzimmer war auch der Schlafplatz für die Kinderschwester. Ein aufklappbares Sofa.«

»Ja, und wenn wir abends Besuch hatten und es spät wurde«, erzählte ihr Mann weiter, denn Anna holte inzwischen Raoul und Franz von den Gerümpelhaufen weg, die den beiden wie eine Fundgrube erschienen und in denen sie zu wühlen begannen, »dann zog die Kinderschwester einfach mit ihrem Bettzeug ins Badezimmer um und schlief in der Badewanne.«

Mir blieb der Mund offenstehen. Nicht wegen dieser praktischen Lösung in den beengten Wohnverhältnissen. Sondern vielmehr darüber, dass es eine Kinderschwester gegeben hatte, die mit einer solchen Umgebung einverstanden war und mit der Badewanne als Schlafplatz vorliebnahm. Eben deshalb, weil sie ebenfalls aus der ordentlichen, in jeder Hinsicht qualitätsgewohnten Schweiz kam.

»Kommt! Ich glaube, es ist besser, wenn wir jetzt wieder gehen«, sagte Anna, die nun versucht hatte, die Kinder ruhig zu halten, weil hier im Hinterhof jedes Wort hallte und rundherum zu hören war.

»Da oben, hinter der Gardine, guckt schon jemand, was wir hier machen.«

»Also gehen wir. Aber findest du das nicht auch gut, unser altes Plätzchen wiederzusehen, Anna?«

»Ich finde, der Hof sieht wirklich entschieden ordentlicher aus, auch wenn Margarethe darüber noch

106

so staunt. Schade, dass Sie es nicht sehen konnten, wie es da vor Jahren aussah.«

»Gehen wir jetzt was essen?« Günter Grass hatte also Hunger.

»Ja, am besten in der Nähe vom Hotel, wegen der Kinder. Die sollen danach gleich ins Bett, sie sind sehr müde.«

»Wollen wir in das Fischrestaurant schräg gegenüber?«

»Eine gute Idee, Günter.«

Unterwegs dorthin begegnete uns Ingeborg Bachmann, die mit einem guten Freund Arm in Arm gemütlich über den Platz spazierte. Mehrstöckige Häuser, ein Theater, unser Hotel und das von uns ausgewählte Restaurant umstanden den Treffpunkt.

Es war ein Essen verabredet. In der oberen Etage des winzigen, engen, sehr gemütlichen Restaurants wurden Tische zusammengeschoben, damit wir gemeinsam Platz fanden. Ich war nun richtig angekommen in Paris. Frau Bachmann aber erzählte von ihrer großen Sehnsucht nach Rom, von ihren Freunden dort und davon, dass sie ernsthaft überlege, von Berlin aus wieder nach Rom zu gehen. Die ganze Lebensart dort würde ihr um so vieles besser gefallen als die im Norden. Für mich war dieses Restaurant bereits die Spitze großer Lebensart und die Menükarte war für mich ein Buch mit sieben Siegeln, denn meine Französischkenntnisse waren arg begrenzt. So empfahlen mir die Eheleute Grass, was ich vorzugsweise auswählen sollte.

Günter Grass beugte sich über den Tisch.

»Haben Sie nicht heute Geburtstag, Margarethe?«

»Ja.« Wie üblich wurde ich rot dabei.

»Herzlichen Glückwunsch!«

»Danke schön!«

»Ich habe ein Buch für Sie im Koffer. Das gebe ich Ihnen dann, wenn wir richtig angekommen sind, in der Bretagne.«

»Ich freue mich schon. Danke!«

Gern hätte ich sofort mehr gewusst. Aber natürlich fragte ich nicht.

Während der Mahlzeit kümmerte ich mich um die Kinder und brachte sie anschließend zu Bett. Die Erwachsenen unterhielten sich noch gemütlich.

Mein Schlafzimmer lag unter dem Dach des Hotels. Es war recht schmuddelig, aber die Müdigkeit hielt mich davon ab, weiter darüber nachzudenken. Ich schlief bald ein in der Gewissheit, nun wirklich ein Stück, wenn auch nur ein winziges, von der großen weiten Welt erlebt und ein weiteres Stück vor mir zu haben.

Ich, klein und unscheinbar, erst in der Schweiz und nun in Frankreich, in der vielgerühmten Stadt Paris!

»Was haben Sie denn da an der Backe?«

Günter Grass sah mich über den Frühstückstisch hinweg an.

»Hat Sie etwas gestochen? Das sieht ja ganz rot und geschwollen aus.«

»Ich weiß auch nicht, es juckt schaurig, seit ich heute Morgen aufgewacht bin.«

»Schau mal, Anna! Sind das Mückenstiche, die Margarethe da hat?«

»Das sieht mir eher nach etwas anderem aus.«

»Dann sind es bestimmt Wanzenstiche«, sagte er triumphierend. Und weil ich erschrocken und ungläubig abwechselnd beide ansah, machte es ihm offensichtlichen Spaß, mir in Einzelheiten zu erklären, wie sich Wanzen gegenüber ihren ausgesuchten Opfern verhalten.

»Haben Sie nicht gehört, wie es klatsch gemacht hat, als sich die Viecher von der Zimmerdecke herabfallen ließen? Das macht ein ganz typisches Geräusch.«

»Ich war so müde und bin sofort eingeschlafen. Ich hatte gedacht, dass in der komischen, verstaubten Butze Spinnen in den Ecken sein könnten, vor denen ekele ich mich sowieso schon genug. Darum hatte ich das Licht gleich ausgemacht und die Bettdecke hochgezogen. Leider nicht bis über den Kopf.«

»Wanzen können auch an den Wänden sitzen oder irgendwo anders im Zimmer. Und sobald es dunkel ist, kommen sie Blut saugen. Vielleicht haben Sie ja besonders schmackhaftes, süßes Blut.«

Nun bekam ich sicher schon wieder eine kräftige Gesichtsfarbe.

»Günter!«, rief Anna kopfschüttelnd. »Hier verstehen vielleicht auch noch andere Leute Deutsch.«

»Aber es tut mir wirklich leid für Sie. Juckt bestimmt ziemlich unangenehm!«, sagte er nun mitfühlend, sich und uns mit einer ähnlichen Geschichte aus der Zeit seiner amerikanischen Kriegsgefangenschaft unterhaltend.

Bevor wir wieder in die Eisenbahn stiegen, die uns in die Bretagne bringen sollte, machten wir noch einen Spaziergang entlang der Seine. Raoul und Franz wollten sich immer wieder vergewissern, dass es hier wirklich die Clochards gab, die auf Bänken oder unter den Seinebrücken schlafen, zugedeckt mit einer Tageszeitung, und ansonsten ein so phantastisch freies Leben führen.

»Und wenn man sie ärgert, hauen sie einen«, wusste Franz hundertprozentig sicher. Dahinter steckte ganz sicher eine von Günter Grass' Geschichten. Zur Enttäuschung der Kinder war leider keine einzige dieser Figuren zu erblicken.

Vorbei an gemütlichen Straßencafés gingen wir über eine belebte Marktstraße, wo es Obst und Gemüse zu Bergen aufgetürmt und in reichster Auswahl zu kaufen gab. Er konnte nicht widerstehen.

»Anna, soll ich etwas von dem Gemüse kaufen? Schau mal, wie gut das aussieht! Da läuft einem das Wasser im Mund zusammen!«

»Dann such etwas aus. Können wir heute Abend oder sonst morgen Mittag kochen.«

Tomaten, Paprika und Auberginen kaufte er, Letztere für mich bis dahin nie gekannte Früchte. Aber da lernte ich noch einiges mehr während der vier Ferienwochen.

Zum Bahnhof wieder mit dem Taxi. Dort angekommen, übergaben wir unsere Koffer einem Gepäckträger, der sie auf eine Karre lud und zum Bahnsteig brachte. Wir hievten alles in den bereitstehenden Waggon. Während Frau Grass unsere reservierten Plätze suchte, wartete ich mit den Kindern bei unserer Habe. Er bezahlte den Gepäckträger, der prompt die Gelegenheit wahrnahm, diesen Ausländer kräftig zu schröpfen. Grass erhielt zu wenig Wechselgeld zurück. Und als er das merkte, tat der Geschäftstüchtige so, als könne er ganz und gar nicht verstehen, wovon der Kunde überhaupt redete.

Ein übles Gefühl muss das sein, wenn man sich in seiner Muttersprache so unerhört gut, wendig, vielseitig und blumig ausdrücken kann wie wenig andere, und in dieser Situation wird einem zur Falle, dass man am Akzent und sprachlicher Unsicherheit erkannt wird. Er holte seine Frau zu Hilfe, die mit ihren guten Französischkenntnissen Recht schaffen sollte.

Inzwischen war der Gepäckträger aber schnell dem Bahnhofsausgang zugestrebt. Als Grassens ihn einholten, beharrte er hartnäckig darauf, die Bezahlung habe sich ordnungsgemäß abgespielt.

Nach der Eisenbahnfahrt in den Nordwesten fuhren wir mit einem Autobus bis zur Küste. Frau Grass wanderte ab und zu unruhig von einem zum anderen, immerzu betonend, dass sie selbst nicht so genau wisse, wann und wo wir aussteigen müssten und dass sie vielleicht die Leute hier oben an der Küste gar nicht so richtig verstehen könne, weil die bestimmt einen Dialekt sprächen. Außerdem heiße der Ort, in dem unser Ferienhaus stehen sollte, ganz einfach Plurien, »Nichts mehr«. Um sich abzusichern, sozusagen, dass da doch noch etwas sein möge, fragte sie beim Busfahrer nach. Und tatsächlich, nach wenigen weiteren Kilometern kamen wir in »Nichtsmehr« an, unserem Urlaubsort.

Das Ferienhaus lag in einem großen Garten. Hochgewachsenes Gras, Apfel- und Pflaumenbäume und ganz hinten eine weiße Ziege, die angepflockt war und friedlich graste. Genügend Platz für uns alle war vorhanden im Haus Die Einrichtung aber war sehr speziell: Die Besitzer zeigten ihre überbordende Liebe zu Nippes und dazu passenden Bildern. Es war Kitsch in Reinkultur.

»Wie kann man nur so etwas ins Haus bringen?! Guckt euch nur das entsetzliche Bild dort an über all der anderen Pracht auf dem Sims!«

Grass schaute kopfschüttelnd vom Essen auf zur ihm gegenüberliegenden Wand. Er hatte von seinem Platz am Esstisch in der Küche aus den massivsten Anblick zu ertragen: röhrender Hirsch im Morgennebel auf taufrischer Lichtung im Goldrahmen. Und auf dem Regal darunter kunterbunte Porzellanblümchen, Rehe und Häschen geschnitzt, mit kindlichen Gesichtern, und dazu Plastiktulpen in kupfern glänzender Vase.

»Unsere Nachttischlampe ist auch nicht schlecht! Müssen Sie sich mal genauer besehen, Margarethe!«, meinte Anna. »Sonst versäumen Sie etwas. Ist noch prachtvoller als die auf Ihrem Nachttisch!«

»Ich wusste erst gar nicht, dass das Ding eine Lampe ist, bis mir eine Schnur und der Knipsschalter auffielen.«

»Das ist wie ein Aquarium, Günter, bunt, mit Fischen und Wasserpflanzen, mit richtigem Vorder- und Hintergrund und in allen schillernden Farben lackiert«, ergänzte Anna.

»Wenn man die schwache Birne anknipst, reicht das gerade aus, um das Aquarium selbst in romantischem

112

Licht zu sehen. Ich habe gestern Abend versucht zu lesen. Das war hoffnungslos. Selbst wenn man versucht, mit dem Buch fast in das Ding hineinzukriechen.«

Es brauchte einige Tage, bis in unser Bewusstsein drang, dass wir die süßlichen Dinge nur für die Zeit der Ferien ertragen mussten. Und unser anfänglich häufiges Lästern wurde weniger. Der Fußboden in Küche und dahinter liegendem Bad war rot gestrichen. Mit der Zeit liefen wir mehr und mehr von der Farbe ab. Dafür bekam der Besen rote Borsten.

Gegenüber der Küchentür lag das Wohnzimmer, das zum Arbeitszimmer des Dichters erklärt wurde. Dort hörte man ihn häufig mit der Schreibmaschine klappern. Er war beschäftigt – immer rastlos tätig. Am Strand arbeitete er unermüdlich Stapel von Zeitungen durch. Seltener spielte er Fußball mit den Söhnen.

Nur eines kam auch während der Ferien nicht zu kurz. Es wurden die tollsten Sachen gekocht.

Miesmuscheln pflückten wir von den vielen Muschelkissen an den Felsen, die den herrlichen Sandstrand begrenzten und bei Ebbe zum Vorschein kamen. Zu Hause warf der Koch sie in sprudelndes Salz-Essig-Wasser, in dem sie sich öffneten. Unverzüglich kamen sie zum Essen auf den Tisch.

Während dieser vier Wochen aß ich insgesamt fünfzehn Muscheln. Ich empfand das als unerhört gute Leistung, denn diese Vorspeise war mir eigentlich zuwider. Er hatte das sofort gemerkt und scherzte darüber, während er selbst lustvoll eine Muschel nach der anderen öffnete und ausschlabberte.

Günter Grass'
seltener Strand-
fußball mit
den Söhnen.
Bretagne-Urlaub

Bei Regenwetter quetschten wir uns alle in die Autos, mit denen die beiden Schwestern von Anna Grass angereist waren, samt Ehemännern und je einem Töchterchen, und fuhren los, um die nächste Umgebung zu erkunden.

Bei einem der Ausflüge kaufte Grass auf einem Markt Tintenfische. Auch dieser Spezialität konnte ich keine Vorliebe abgewinnen. Und Raoul bekam am Tag nach der Mahlzeit einen juckenden Hautausschlag, den Grassens als Überempfindlichkeit gegenüber dem verzehrten Seegetier deuteten. Aber die Artischocken! Sie wurden für mich ab sofort zur ersehnten Delikatesse. In Deutschland waren sie als frische Frucht noch kaum erhältlich.

Übrigens, gleich am ersten Ferientag bekam ich, noch nachträglich zum Geburtstag, das versprochene Buch: »Schalom. Erzählungen aus Israel«, mit einem Vorwort von Heinrich Böll. Günter Grass hatte eine persönliche Widmung reingeschrieben.

Die ersten Tage waren hochsommerlich heiß. Alle drei Familien genossen Sonne, Sand und Meer.

Ich erhielt erstmals Schimpfe von Frau Grass, als ich mir prompt, weil ich nicht vorgesorgt hatte, einen kräftigen Sonnenbrand holte.

»Aber ein Sommer ohne Sonnenbrand ist für mich nicht wert, Sommer genannt zu werden.«

Doch Anna Grass dachte da sehr anders. Sie fühlte sich auch für mich verantwortlich – für die Unmündige, fern der Heimat und an Eltern statt.

»Sie sind aber auch ein Hühnchen!«, sagte sie beim Anblick der intensiven Röte meiner Beine. Doch ich kannte das ja und war gewiss, am Ende der Ferien eine hübsch gebräunte Haut nach Hause zu tragen.

Frau Grass meinte später in Berlin zu Hanny: »Diese Margarethe ist doch tatsächlich am braunsten von uns allen!«

Hanny erzählte mir das natürlich, als ich von meinem zwischenzeitlichen Elternbesuch zurückkam.

»Na, das hättest du aber auch mal sehen sollen, wie sorgfältig sich die Damen mit Sonnencreme gepflegt haben. Ich habe mich um so etwas kaum ge-

115

kümmert. Aber ich habe eben den besten Teint mitbe-
kommen!«

Hanny teilte mein Triumphgefühl.

Mit meiner Fähigkeit zu ausdauerndem Schwimmen bescherte ich Frau Grass ungewollt wirklich Ur-
laubsunruhe und Ärger. Die Idee war von Helis Mann
gekommen, der tagelang im tiefen Wasser geübt hatte,
Hunderte von Metern parallel zum Strand zu schwimmen. Und das ohne Unterbrechung, versteht sich.
Sportlich kaum trainiert, beruflich ein Bürodasein
führend, hatte er schon bei der Ankunft verkündet,
dass er nach entsprechendem Üben auf eine der Inseln
hinausschwimmen wollte, die felsig in der Bucht lagen. Am unteren Rand waren sie von Wasserpflanzen
bewachsen, die bei Flut im Meer verschwanden.

»Ob ich das heute mal versuche?«, fragte er eines
Tages in den Wind, als er wieder ein kurzes Übungs-
schwimmen hinter sich hatte.

»Fühlst du dich denn stark genug?«, fragte Annas
jüngste Schwester, selbst ferienfaul und ganz entspannt
im Sande liegend.

»Eigentlich schon, wenn ich die Insel dort so liegen
sehe. Das kann nicht allzu weit sein.«

»Na, verschätz dich mal nicht!«, meinte Anna. »Mit
dem Entfernungsschätzen über dem flachen Wasser
vertut man sich vielleicht doch.«

»Soll ich mitschwimmen?«, fragte ich. »Ich glaube,
dass ich es auch schaffen könnte.«

»Ja! Kommen Sie doch mit. Dann können wir uns
sogar gegenseitig retten, falls es nötig ist«, scherzte
Annas Schwager. Also stand ich auf, rubbelte den

Sand von der Haut, und wir gingen entschlossen und eiligen Schrittes auf das Wasser zu. Die Zurückbleibenden riefen etwas. Aber das bezogen wir nicht auf uns.

Wir schwammen los. Zügig, nicht hektisch, gerade mit dem richtigen Tempo für eine längere Strecke. Schätzten ab, ob wir wohl schon die Hälfte geschafft hatten. Versicherten uns gegenseitig, dass wir noch weiterkonnten und es dumm sei umzukehren.

Wir kamen immer näher an die Insel heran und mussten dann halb kletternd, halb schwimmend über das vorgelagerte, vom Wasser verdeckte rundgewaschene Felsgestein, das üppig mit Pflanzen bewachsen war, um auf die Insel zu steigen. Mir war dieses Pflanzenzeug zuwider. Aber es half nichts. Ich musste da hindurch.

Dann war es geschafft. Wir ließen uns an einem windgeschützten Plätzchen nieder, um auszuruhen und uns von der Sonne wieder aufwärmen zu lassen. Hier draußen war das Wasser doch um etliches kühler als in Strandnähe.

Wir sahen ein rotes Paddelboot auf die Insel zukommen. Darin zwei junge Männer, die am Rand der Insel Ausschau hielten und dann in unsere Richtung blickten.

»Monsieur! Monsieur!« Wir waren wohl gemeint. Der Schwager kletterte zum Wasser. Einer der Jünglinge fragte ihn, ob alles in Ordnung sei oder ob wir mit ihnen im Boot zum Strand zurückfahren wollten.

Nein, das ging gegen unseren Stolz. Wo wir es doch

so gut geschafft hatten, trauten wir uns auch den Rückweg schwimmend zu.

»Oder sind Sie zu erschöpft und möchten doch lieber im Boot zurück?«, fragte mich der Schwager.

»Nein, bestimmt nicht. Ich schwimme gemütlich mit Ihnen zurück.«

Das Paddelboot drehte ab.

»Die waren wahrscheinlich von unseren Leuten geschickt, wenn ich das recht verstanden habe«, meinte der Schwager, der die französische Sprache nur leidlich beherrschte.

»Warum das denn? Verstehe ich nicht. Wir hatten doch gesagt, dass wir rausschwimmen. Und es ging doch prima.«

»Na, dann wollen wir mal den Rückweg antreten. Fühlen Sie sich genügend ausgeruht?«

»Ja, ich bin wieder startklar. Und Sie?«

»Ebenfalls.«

»Hauptsache, ich komme rasch durch das komische Wasserpflanzengewühle.«

Gleichmäßig und ruhig schafften wir es zum Strand zurück, immer überlegend, warum das Boot geschickt worden war. Nur Annas jüngste Schwester fanden wir an unserem Strandplatz vor, gemeinsam mit den drei Mädchen. Alle anderen waren Muscheln sammeln gegangen, nachdem sie uns gesund und munter aus dem Wasser steigen sahen.

»Anna ist ärgerlich mit euch.«

»Warum? Wir haben doch gesagt, dass wir rausschwimmen!«

»Ja, aber Günter und Heli hatten euch nachgerufen,

dass ihr nach der Hälfte der Strecke umkehren sollt. Und als wir euch auf dem Wasser nicht mehr erkennen konnten, wurden wir unruhig.«

»Das habe ich aber nicht mehr gehört, das mit dem Umkehren.«

»Ich auch nicht«, pflichtete der Schwager mir bei. »Und es ging doch so gut. Außerdem, zu zweit kann einer auf den anderen achten.«

»Jedenfalls sind sie alle ziemlich sauer. Schließlich haben Anna und Günter die Verantwortung für Margarethe.«

»Ich werde mich entschuldigen. Es war ganz bestimmt nicht meine Absicht, sie in Aufregung zu versetzen.«

»Eigentlich müsste man euch gratulieren für die Strecke. Schwimmend zu der Insel! Aber nach der Aufregung tut das wohl niemand. Ist schade.«

Als der Rest der Familie wiederkam, war der größte Ärger wohl verraucht, denn nur zögernd sickerten Vorwürfe durch. Dem Schwager gegenüber dafür, dass er mich mitgenommen hatte, ohne die Verantwortung zu bedenken, die Grassens für mich hatten. Und ich erhielt den Vorwurf, warum ich nicht daran gedacht hatte, dass der Schwager vielleicht unserem Unternehmen nicht gewachsen sein mochte. Er, nicht gerade eine Sportskanone und durch seinen Beruf zu abgearbeitet und ausgepumpt für derartige Sperenzchen.

Ich entschuldigte mich. Erklärte, ich hätte das als völlig harmlos betrachtet, und wir wären bestimmt umgekehrt, wenn wir es uns nicht zugetraut hätten.

Dann wurde uns erzählt, man habe in der Zeitung gelesen, dass zwei Tage zuvor ein Mann ertrunken war, hier an der Küste. Wir beide hatten die Zeitung noch nicht in der Hand gehabt. Was uns sicherlich die Schwimmtour sorgloser machen ließ, aber andererseits die allgemeine Aufregung wegen uns verständlicher machte.

Später, in Berlin, berichtete Frau Grass Hanny von unserem, wie sie es nannte, »Abenteuer«. Zuzüglich einer Perspektive, die mir nicht mal im Traum eingefallen wäre.

»Und können Sie sich vorstellen, wie die jungen Männer mich verwundert, amüsiert anschauten, als ich sie bat, mit ihrem Boot zu der Insel hinüberzufahren, um meinen Schwager und unser junges Mädchen sicher und unbeschadet zurückzubringen?«

»Na, die haben sich bestimmt ihren Teil gedacht«, grinste Hanny.

Ich saß bügelnd am Tisch und drehte mich ungläubig um.

»Müssen die 'ne dreckige Phantasie gehabt haben!«

»Ja, ja, Margarethe!«, sagte Anna bedenklich. »Da habe ich ganz schön geschwitzt und fühlte mich recht unwohl in meiner Situation.« Aber sie lachte nun auch, und Hanny hatte weiter ihren Spaß an der Geschichte.

»Und dann kamen die beiden nicht mal mit dem Boot zurück«, schloss Anna ihren Bericht, einen Stapel zusammengelegter Wäsche aus dem Zimmer tragend.

Lachend meinte Hanny: »Soso, muss schon gut schwimmen können, die Margarethe …«

Mir war etwas betreten zumute, je mehr mir erst nachträglich klar wurde, welche Aufregungen und Un-

Margarethe,
Franz, Raoul,
Laura und ein
Ziegenbock.
Urlaub in der
Bretagne

annehmlichkeiten ich besonders für Frau Grass aus-
gelöst hatte mit dieser von uns nur als harmlos ange-
sehenen Tour. Doch schon am folgenden Tag war der
Ärger vergessen. Nachtragend konnte Frau Grass nicht
sein.

Günter Grass blieb im Haus, um in Ruhe arbeiten
zu können. Wir gingen den langen Weg zu Fuß zum
Strand. Dort trafen wir die beiden anderen Familien.
Während Anna draußen auf dem bei Ebbe so weiten Strand mit ihrer jüngsten Schwester Ballettfiguren
exerzierte, baute ich Sandburgen mit den Kindern.

Gegen Abend fuhren wir mit einem Taxi nach Hause, wo wir den Meister in der Küche antrafen.

»Margarethe, Sie hätten hier sein sollen!«, rief er strahlend.

Auf dem Küchentisch waren nur noch die Reste einer Kochaktion zu sehen. Und beim Anblick des Knochengerippes, von dem er noch letzte Fleischreste abpulte, schätzte ich mich insgeheim glücklich, sonnige Stunden am Strand zugebracht zu haben.

Er hatte beim Metzger einen Kalbskopf erstanden. Und nun erklärte er mir die Besonderheiten, wohl um mich noch im Nachhinein dafür zu begeistern.

»Hier saß das Auge.«

Er deutete mit dem Küchenmesser auf die Höhle im Skelett.

»Das glotzte mich richtig an.«

»Margarethe ist vielleicht ganz froh, dass sie mit uns am Meer war«, sagte Anna daraufhin. Ich gab ihr kopfnickend recht.

»Übrigens, haben Sie Lauras Strickjacke gesehen? Ich kann die nicht finden zwischen den Sachen.«

»Ich weiß, dass ich sie Laura abgenommen hatte, weil ihr zu warm war auf dem Hinweg. Aber ich kann mich nicht erinnern, sie dann am Strand gesehen zu haben.«

Sie fand sich nicht wieder.

»Wahrscheinlich habe ich sie unterwegs verloren.«

»Dann müssen Sie wohl eine neue stricken!«, sagte Frau Grass.

Und so war es. Allerdings fand ich die Strickjacke nicht besonders gelungen, als sie in Berlin nach Wochen endlich fertig wurde.

An einem Tag kam der Meisterkoch zur Küchentür herein und schüttete, stolz auf das, was er aus dem Fischladen mitgebracht hatte, einen Strom nicht zu zählender silbriger Fischchen in das Spülbecken.

»So, heute gibt's was Leckeres!«

Skeptisch blickte ich in das volle Becken. Beim Essen wurde ich überzeugt. Einfach köstlich, diese winzigen Fische. In gesalzenem Mehl waren sie gewendet und in heißem Fett knusprig-golden gebraten. Wir aßen sie mit Kopf und Schwanz. Oft wünsche ich mir wieder einmal eine solche Mahlzeit.

An einem der letzten Ferientage wurden Schwestern und Schwäger abends zur Fischsuppe eingeladen. Verschiedenstes Seegetier schwamm im Suppentopf herum. Aber ich achtete darauf, höchstens eine einzige Muschel auf meinem Teller zu haben. Von diesen Meeresfrüchten hatte ich nun wirklich genug. Man saß rund um den Küchentisch. Die gemütliche Unterhaltung drehte sich auch schon wieder um den Alltag, der unausweichlich kommen würde.

Der Weg zurück führte wieder über Paris. Diesmal wohnte ich in der mittleren Etage desselben Hotels, wo ich mit Franz das französische Doppelbett teilte und ohne Wanzenstiche davonkam. Viel Schlaf fand ich nicht, weil Franz sich unruhig herumwälzte in der stickig-warmen Großstadtluft. Er legte sich kreuz und dann wieder quer, sodass selten ein ruhiges Plätzchen für mich blieb. Günter Grass sagte am nächsten Morgen Adieu und flog nach Westdeutschland zu einer weiteren Wahlkampfreise. Wir hatten noch Zeit für einen Bummel in der Stadt. Anna Grass ging mit uns zur sagenhaften Notre-Dame, wo wir von einem der Türme den Blick über diese herrliche Stadt genossen. Es ging wieder ostwärts.

Auf halber Strecke stieg ich in Westdeutschland aus und fuhr für einige Tage zu meinen Eltern nach Hause. Mutter und Kinder Grass reisten direkt nach Berlin.

Da er gerade in Norddeutschland in einem Minibus herumkutschierte, die Schreibmaschine auf den Knien, für den nächsten Ort die nächste Rede für Willy Brandt fixierend, nahm Günter Grass die Gelegenheit wahr, eines Sonntagmittags einen kurzen Besuch bei meinen Eltern und mir zu machen. Unsere Familie lief zusammen und fand sich im großen Wohnzimmer ein. Nur mein jüngster Bruder wollte nicht guten Tag sagen. Er verkroch sich unter dem Tisch. Wahrscheinlich fand der Gast uns genau so, wie man sich die typische Pastorenfamilie mit reichem Kindersegen vorstellt. Er war übrigens stolz auf eine seiner treuesten Verehrerinnen, eine alte Pastorenwitwe, die bei Grassens immer wieder erwähnt wurde. Als sie von Brunos Geburt hörte, schickte sie Babywäsche.

Außer meinen Eltern waren die Großmutter und ein Theologiestudent anwesend, der während seiner praktischen Ausbildung als Vikar bei uns wohnte. Unsere Haushaltspraktikantin hatte ihren freien Sonntag. Stolz verkündete meine Mutter, dass es Hammelkeule à la Grass, von mir gekocht, zum Mittagessen gäbe, und ob er nicht Appetit darauf habe. Er bedankte sich freundlich, zeigte aber eine leichte Ungeduld.

»Wir wollten nur schnell guten Tag sagen und müssen gleich weiter.«

Er war gemeinsam mit einem jungen Mann gekommen, seinem Wahlreisebegleiter, der ihn sicher durch die Lande fuhr. Grass sah mich beim Einsteigen noch einmal an.

»Sie haben die Keule hoffentlich schön mit Knoblauch und Rosmarin gespickt? Sicher haben Sie das getan. Schade für Ihren alten Küchenmeister und seinen Fahrer! Aber die Gegend nördlich von hier, Richtung Ostfriesland, die kann nicht warten, die ist jetzt dran. Die Gegend da ist so schwarz wie die bei Franz-Josef Strauß im tiefsten Süden.«

Frau Grass nannte mich tagelang »die neue Margarethe«. Zuvor mit halblangem Haar, war ich jetzt mit Kurzhaarfrisur in Berlin erschienen.

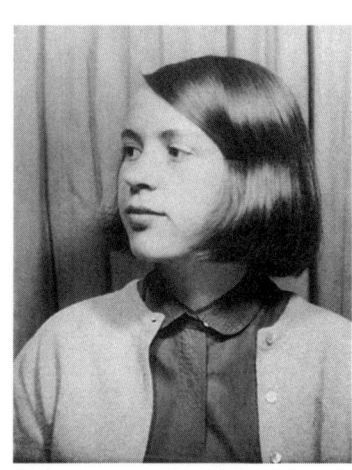

Margarethe Amelung zu Beginn der Grass-Zeit

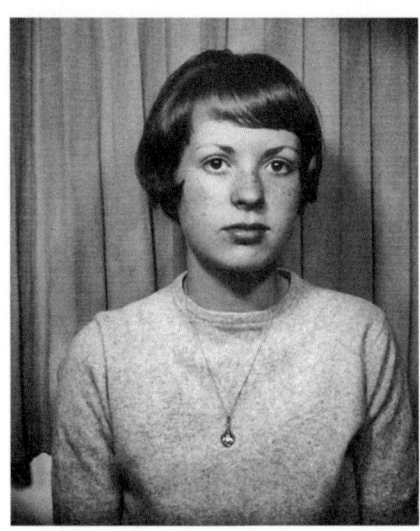

Margarethe
Amelung mit
»Kurzhaarfrisur«
nach dem
Frankreich-
Urlaub

Hanny war inzwischen längst mit Bruno aus der Schweiz zurück. Doch Anna war bald schon wieder unterwegs. Einige Tage war sie in Bayreuth, anschließend einen Tag in Ostberlin bei der Beerdigung eines Kollegen von Günter Grass.

Während meines Elternurlaubs hatten sich im Hause Grass Veränderungen ergeben. Freunde waren eingezogen: Härters, ein Künstlerehepaar mit seinem zweijährigen, blondgelockten, sehr sensiblen Söhnchen. Sie hatten aus irgendwelchen Gründen ihre bisherige Behausung räumen müssen und Schwierigkeiten, etwas anderes, Passendes zu finden. Da sie zu Grassens besten Freunden gehörten, war es selbstverständlich, sie vorübergehend aufzunehmen.

126

Ihnen wurde mein großes sonniges Zimmer zur Verfügung gestellt. Ich zog bei Hanny ein, was wir beide keineswegs lästig oder unangenehm fanden, da wir uns mittlerweile freundschaftlich verbunden fühlten. Das sollte auch von Dauer sein. Ich hatte das gemeinsame Zimmer der kleinen Butze neben dem Atelier vorgezogen, die mir Frau Grass alternativ angeboten hatte. Aber dort gab es nur Platz für eine kleine Liege und vielleicht ein zusätzliches Schränkchen oder ein Regal.

Um das – übrigens auch nur vom Atelier aus zugängliche – Zimmerchen zu erreichen oder zu verlassen, hätte ich Günter Grass jedes Mal ein Stück der Stille gestohlen, in der er arbeitete. Die Lösung mit Hanny war also besser.

Das Grass'sche Atelier selbst war ein großer, heller Raum.

Ein freier Zwischenboden war wie ein Hochsitz eingebaut. Ihn erreichte man über eine treppenartige Leiter. Und dann stand man vor dem Schreibtisch des Meisters, mit seiner kleinen Olivetti-Schreibmaschine. Unten stand ein riesiger Arbeitstisch. Daneben gab es Bücher in Stapeln und Haufen. Werke unterschiedlichster Formate, aller denkbaren Inhalte und Autoren. Eine vielfarbige Fundgrube neuester Buchproduktionen. Dann war dort ein Sockel, auf dem eine in Arbeit befindliche Skulptur eindeutig Raouls Gesichtszüge erkennen ließ.

»Vater, wann ist der Kopf fertig?«, fragte Raoul eines Tages beim Mittagessen.

»Na, ein bisschen dauert das noch.«

»Aber der sieht doch schon gut aus.«

»Der soll aber sehr gut aussehen, und darum musst du noch Geduld haben.«

»Schade. Aber wenn er fertig ist, darf ich ihn dann in meinem Zimmer haben?«

»Also, Raoul, erst mal muss er fertig sein, und dann reden wir noch einmal. Einverstanden?«

»In Ordnung, aber ...«

»Günter, machst du dann meinen Kopf?«

Franz mischte sich ein, und dann auch Anna, mit einem Vorbehalt.

»Hauptsache, du zeichnest nicht wieder solche Fische, die da im Glas herumschwimmen. Also, das hat ja nach einigen Tagen so gestunken, das können Sie sich überhaupt nicht vorstellen!«

Sie sah Hanny und mich an.

»Irgendwelche aalartigen Kreaturen waren das. Die haben das gläserne Gefängnis dann nicht überlebt.«

Der Künstler lächelte uns an.

»Ich hätte die ja auch noch gebraten. Aber leider hat da meine Frau gestreikt.«

»Hätte ich aber auch!«, kam's mir heraus, mich vor Ekel schüttelnd.

Freundlich und zurückhaltend waren die Freunde. Es entstanden keinerlei Probleme aus dem Zusammenwohnen. Das große, farbenfrohe Gemälde an der Wand im Esszimmer war ein Werk des hageren, stillen und schüchternen Malers. Der Hausherr hatte seinem Freund auch das Atelier zur Verfügung gestellt. Dort stand jetzt eine zweite Staffelei. Seine Frau Herta gab Ballettunterricht in der französischen Schule. Sie war herzensgut und hatte das besondere Fingerspitzengefühl für ein harmonisches Miteinander. Und so, wie ich mir eine Balletttänzerin früher vorgestellt hatte, extravagant und etwas spleenig, war sie ebensowenig wie Anna Grass.

Härters hatten jahrelang in Italien gelebt. Der Einfluss unverkennbar in seinen Werken – und in der Küche. Meistens kochte Herta Spaghetti, was wir wiederum bewunderten. Denn obgleich sie sich kaum darum kümmerte, wenn die Nudeln stundenlang im Kochtopf brodelten, es duftete immer verlockend appetitanregend und überhaupt nicht so langweilig, wie wenn wir Nudeln kochten. Ansonsten war sie sehr darum bemüht, nicht in der Küche zu sein, wenn ich unsere Mahlzeiten richtete. Sie bereitete ihr Familienessen möglichst zu anderen Zeiten.

Nach den Sommerferien ging ich zum Französischunterricht, um die wenigen Brocken, die ich während unserer Frankreich-Wochen gelernt hatte, nicht wieder in Vergessenheit geraten zu lassen. Frau Grass unterstützte mich dabei, sodass ich an den entsprechenden Abenden aus dem Haus gehen konnte. Hanny war noch da, sie war der Babysitter, und Grassens konnten auch ausgehen.

Einmal schwänzte ich den Unterricht, weil Harald, ein Bekannter von mir, für einige Tage in Berlin war. Wir trafen uns in der Stadt. In einem Restaurant am Kurfürstendamm tranken wir Chianti. Harald, der in den letzten Schulferien einen Job als Kellner angenommen hatte, um sein Taschengeld aufzubessern. Nun schickte er unseren Kellner viermal mit der Chiantiflasche zurück, weil jedes Mal Korkenstücke auf dem Wein schwammen. Mir wurde das peinlich. Nach dem vierten Mal hatte ich Harald dann so weit beschwichtigt, dass er den Wein akzeptierte, wenn auch nur maulend. Vermutlich waren die Flaschen falsch gelagert, die Korken trocken geworden und der Kellner hätte noch zwanzig Flaschen aufziehen können. Aber Haralds nebenberufliche Kennerschaft sollte mir doch nicht den Abend verderben.

Der kräftige Wein tat seine Wirkung. Harald hatte den größten Teil getrunken. Ich hielt mich zurück, als ich einen aufkommenden Dusel wahrnahm. Er begleitete mich zum Bus, der mich zur Niedstraße bringen sollte. Im Davonfahren schien mir, als sei mein Freund ein wenig wackelig auf den Beinen. Ich hatte ihm noch gezeigt, in welche Straße er einbiegen musste, um zum Bahnhof Zoo und von dort mit der S-Bahn zu seinem Domizil zu gelangen.

Später erzählte er mir, dass er zwar den Bahnhof sicher gefunden hatte, auch die S-Bahn, aber nach einigen Stationen sei die stehen geblieben. Er sei ausgestiegen. Er sah mit schweren Maschinenpistolen bewaffnete Uniformierte überall im Bahnhof auf und ab wandern. Da habe ihn schlagartig die Ernüchterung gepackt. Er hatte die falsche Richtung genommen und war im Ostberliner S-Bahnhof Friedrichstraße gelandet.

Wieder klar im Kopf, nahm er den richtigen Zug zurück.

Als er zu sehr später Stunde das Haus wiederfand, in dem seine Abiturklasse Quartier bezogen hatte, musste er erkennen, dass der für die Reise verantwortliche Klassenlehrer weitaus tiefer ins Glas geschaut hatte als er selbst. Auf dem Weg von der S-Bahn-Station zur Unterkunft las er ihn auf, als er – vor Harald auf dem Weg – unsicheren Fußes, schwankend, torkelnd, dann endlich noch über die Bordsteinkante stolpernd, der Länge nach auf dem Bürgersteig hingeschlagen war. Gemeinsam wankten sie ins Haus.

Im Fernsehen wurde ein Interview mit Günter Grass gesendet, das in den Wochen seiner Wahlreise in einem westdeutschen Studio aufgenommen worden war. Während der Frankreich-Ferien hatte Günter Grass wieder begonnen, sich seine Zigaretten selber zu drehen. Wie er sagte, sollte es ihn davon abhalten, zu viel zu rauchen. Als er sich bei diesem Interview ebenfalls eine Zigarette drehte, hatte ich den unmittelbaren Eindruck, auch das würde zu seiner persönlichen Kennmarke werden. So wie sein Schnauzbart, den er ursprünglich sprießen ließ, um damit sein Profil mit dem vorspringenden Unterkiefer optisch zu korrigieren. Auf Fotografien von früher, ohne Schnauzer, erkannte ich ihn kaum wieder.

Die Wahlreise war beendet. Anna erwartete ihren Mann spätabends aus Westdeutschland zurück. Hanny und ich gingen früh schlafen.

Mitten in der Nacht wachte ich auf. Hanny rief laut meinen Namen, knipste das Licht an und saß kerzengerade im Bett.

»Margarethe, ich glaub, es brennt im Haus!«

»Was ist los?«, fragte ich und fasste schlaftrunken an die Wand, die kühl war wie immer. Dann machten mich ungewöhnliche Geräusche richtig wach.

»Ich geh mal schauen, was passiert ist!«

Hanny war aus dem Bett gesprungen, warf sich den Bademantel über. Ich tat es ihr gleich.

Überall im Haus brannte Licht. Qualmige Luft in Flur und Treppenhaus. Lautes Klappern von Zinkeimern war zu hören. Es roch verbrannt. Aufgeregtes Stimmengewirr drang von unten herauf. Wir begegneten Anna Grass auf der Treppe. Sie wollte zu den Kindern.

»Was ist denn passiert, Frau Grass? Um Gottes willen!«

»Das Haus ist angezündet worden! Vorn beim Eingang!«

»Warum denn das?«, platzte es erschrocken und völlig unsinnig aus uns heraus.

»Die Feuerwehr ist da und löscht. Zum Glück haben unsere Freunde das gerochen. Der Rauch ist wohl direkt oben bei ihnen ins offene Fenster gezogen. Herr Härter hat uns sofort geweckt und mit den Eimern aus der Küche die Flammen an der Haustür gelöscht.«

»Mama!« Raoul kam, seine Augen reibend, aus dem Schlafzimmer. »Das riecht so komisch, und ihr seid so laut. Ich kann gar nicht schlafen.«

Die Mutter beruhigte ihn und begleitete ihn ins Zimmer zurück, auch um nach Franz zu sehen. Sie erklärte den beiden, was passiert war und dass es nun nicht mehr gefährlich sei.

132

»Schlaft jetzt ruhig weiter!«

Einmal kurz gucken, das wollten sie aber doch, bevor sie sich wieder hinlegten. Laura und Bruno schliefen derweil tief und fest.

Unten im Haus war alles versammelt. Polizei, Feuerwehr, sogar gute Bekannte von Grassens waren schon gekommen, von irgendjemandem alarmiert. Überall wurden die Fenster aufgerissen, um den unangenehmen, beißenden Qualm abziehen zu lassen.

»Ja, Margarethe, so weit ist es gekommen in unserem Land.«

Günter Grass stand im Bademantel oben im Flur am Fenster.

Hanny kam dazu.

»Gestern Abend war ich in Cloppenburg. Da haben sie mich mit Eiern, faulen Birnen und Tomaten beworfen. Und heute wird mir das Haus angezündet. Nur gut, dass Härters es so bald gerochen haben. Das hätte gefährlich werden können. Wenn man an all die Personen im Haus denkt und die Kinder. Selbst davor schrecken diese Brandstifter nicht zurück.«

Er war sichtlich erschüttert und enttäuscht.

»Die verkohlten, benzingetränkten Lappen lagen noch vor der Haustür.«

Er wurde wieder nach unten gerufen, ein Freund von der Presse war gekommen. Der fotografierte rundherum und schrieb noch in der Nacht einen Artikel. Die Medienmaschine begann sich zu drehen.

Am nächsten Morgen ging es richtig los mit dem Sensationstheater. Der erste Reporter erschien, als ich dabei war, Eingang und Flur zu wischen, was ihm wohl zünftig genug vorkam. Er machte unzählige Male »klick«, von rechts, von links, vor und zurück. Merklich höher noch wurde die Klickfrequenz, als ich die schwarz verfärbten Stufen vor der verkohlten Haustür fegte.

Im Laufe des Vormittags kamen Fotografen von allen größeren Zeitungen und Nachrichtenagenturen. Die Kriminalpolizei ging ein und aus.

Das Telefon bimmelte ohne Unterlass. Es musste doch eine Unzahl von Leuten Grassens Telefonnummer kennen, auch ohne Eintrag im öffentlichen Telefonbuch. Ein Tonbandgerät wurde angeschlossen. Tagelang drückten wir die Aufnahmetaste, sobald das Telefon klingelte. Aber es meldete sich niemand, der seine Absicht und Verantwortung für die Brandstiftung erklären wollte.

Peinlich wurde mir ein Ferngespräch aus England, das Schwester Hanny mir umgehend in der Annahme überließ, ich hätte mehr englische Sprachkenntnisse als sie. Tatsächlich brachte ich nun nur ein unkonzentriertes, mühsames Stottern zustande, was die britische Lady am anderen Drahtende ziemlich ungeduldig werden ließ.

Mein Gestammel war nun auf diesem Tonband festgehalten, was mich insgeheim und wider alle Vernunft inständig hoffen ließ, niemand möge sich wegen der Brandstiftung melden und darum auch niemand das Band anhören wolle, sondern jemand würde es hoffentlich bald als »fruchtlos« löschen.

Schwester Hanny war den ganzen Tag über schrecklich aufgeregt, denn die Eltern Grass wollten in drei

Tagen verreisen, und dann wären wir allein in dem brenzligen Haus. Ich sagte ihr mehrfach, dass Härters doch glücklicherweise noch unter dem gleichen Dach wohnten.

Zur weiteren Beruhigung wurde von der Kriminalpolizei beschlossen, das Haus nachts bewachen zu lassen und zwei Beamte drinnen zu stationieren. Sie verbrachten anfangs den größten Teil der Nacht beobachtend hinter einem kleinen Fenster im Kinderzimmer, bis sie im Morgengrauen das Haus wieder verließen. Später, für mehrere Wochen, saßen sie nur noch von zehn Uhr abends bis kurz nach Mitternacht im Haus. Wer sich dem Haus mit böser Absicht hätte nähern wollen, konnte sich einen feinen Zeitplan machen.

In den folgenden drei Tagen blieben auch unsere Mahlzeiten nicht ungestört. Während eines Mittagessens, als es wieder einmal an der Haustür klingelte und ich öffnen ging, stand eine forsche Journalistin davor, die Herrn Grass sprechen wollte, sich aber zunächst zu einer fragend geäußerten Feststellung hinreißen ließ.

»Sie sind sicher Frau Grass?«

Das fand ich schon sehr komisch. Und so rot war ich geworden, dass meine Wangen brannten.

»Soll ich euch mal etwas erzählen?«

»Aber nur, wenn es so spannend ist wie die Brandstiftung«, ermahnte Franz mit halbvollem Mund.

Wir saßen beim Mittagessen.

»Als ich vorgestern in Cloppenburg war, da wollte

ich dort zu den Leuten reden. Nicht eine Geschichte wie hier, sondern etwas Richtiges.«

»... 'ne Wahlrede«, sagte Raoul wenig begeistert.

»Och, wenn du davon erzählst, das ist langweilig.«

»Nun wartet erst mal ab. Ihr lasst mich ja gar nicht beginnen. Das ist nämlich wirklich passiert. Da waren ziemlich viele Leute versammelt. Und als es losgehen sollte, bin ich zum Rednerpult gegangen und habe angefangen zu sprechen. Aber ich bin nicht weit gekommen, denn viele von den Leuten fingen an dazwischenzureden, immer lauter, bis es ein großes Gebrüll war und kaum noch jemand richtig auf seinem Platz saß. Und was glaubt ihr, was dann durch die Luft flog?«

»Ein Vögelein!«, sagte Laura strahlend.

»Hahaha, Laura ist dumm!«, so Raoul.

»Also, es war doch Abend, Günter, oder? Und schon dunkel!?«

»Ja, Franz. Aber ihr müsst Laura nicht auslachen. Kann doch sein, dass Fledermäuse irgendwo herumflogen. Und dann hätte Laura doch recht. Die sind so etwas wie Vögel, und die fliegen nachts, wenn es dunkel ist.«

»Was flog denn nun wirklich durch die Luft, Vater? Ein Flugzeug?«

»Nein, nicht so hoch oben. Etwas, das eigentlich gar nicht fliegen kann. Tomaten!«

»Haben das die Leute geworfen?«

»Ja! Zu mir! Eier und faule Birnen auch.«

»Hast du die abgekriegt?«

»Nein. Bis auf eine Tomate, hier oben an meinen Arm. Sonst haben sie mich nicht getroffen.«

»Die konnten wohl nicht gut zielen!«

»Und warum hast du dir keine gefangen? Dann hättest du was zu essen gehabt.«

»Ach, ich musste immerzu die Polizisten anschauen. Die hatten sich rund um mich herum aufgestellt und bekamen dann den ganzen Segen ab. Direkt vor mir stand so ein dicker Polizist, der kriegte eine faule Birne auf die Backe. Und dann lief die matschige Birnensoße an seiner Uniform herunter. Ich glaube, das hat ihn noch am meisten geärgert, denn da wurde er richtig wütend, bekam ein puterrotes Gesicht und schimpfte fürchterlich über die Schweinerei.«

»Das hast du dir doch ausgedacht ...«

»Aber Franz, ich habe doch gesagt, ich erzähle euch diesmal etwas Wahres, ganz bestimmt. Oder glaubst du das etwa nicht?«

»Doch, schon«, kam es zögernd. »Aber das mit dem Polizisten ist eine gute Geschichte.«

Der Vater gab es auf. »Na, Hauptsache, sie hat dir gefallen.«

»Ich glaube, es ist wahr. Das kann doch mal vorkommen«, meinte Raoul einigermaßen überzeugt.

»Ich würde bei der Schmeißerei auch gern mal mitmachen. Die Birnen würde ich lange vorher kaufen, damit sie richtig faul werden.«

»Würdest du auch auf mich werfen?«

»Nee! Auf dich doch nicht!«

Die Eltern Grass packten die Koffer, um gemeinsam Urlaub zu machen. Ihre zunächst letzte Chance dazu, bevor Schwester Hanny die Familie verließ und in

*Haustochter
Margarethe,
Kinderschwester
Hanny und
Laura im
»Stadtgarten«,
Niedstraße*

die Schweiz zurückkehrte. An Grassens Plänen änderte auch die Brandstiftung nichts.

Übrigens meldete sich tatsächlich eine Person, die liebend gern die angekohlte Haustür kaufen wollte. Doch die Tür blieb an ihrem Platz, angeschmort, wie sie war, für lange, lange Zeit. Und hängt vielleicht noch immer dort.

Herbst

Die Kinder waren bei Schwester Hanny in besten Händen. Den Haushalt hatte ich fest im Griff. Anna Grass konnte beruhigt urlauben.

Zum Zeichen, dass sie darum wusste, erhielten wir auch erst nach vierzehn Tagen das erste Lebenszeichen von ihr. Es war eine Ansichtskarte für die Kinder.

Im Haus waren wir fröhlich zusammen mit Härters. Auch wenn einmal eine gut gemeinte Geste Frau Härters uns nicht das von ihr erwartete Vergnügen bereitete. Sie hatte Hanny und mir Karten für das Konzert eines japanischen Musikensembles geschenkt.

»Und sie passt am Abend auch noch auf die Kinder auf!«

»Und ich muss dringend mal raus«, meinte Hanny, »besonders nach dem Schulaufgaben-Theater mit Raoul heute.«

Wir freuten uns. Aber unser Gehör war auf die fernöstlichen Klänge nicht vorbereitet. Also hielt sich unsere Begeisterung in Grenzen.

Mit Härters konnte man gemütlich zusammensitzen, wenn es sich gerade so ergab – wenn Frau Härter benutztes Geschirr in der Küche wegräumte, Herr Härter für ein Bier dazu kam, Hanny Brunos Milchflaschen richtete und ich auch dort war oder einfach nur Gesellschaft suchte. Selbst der immer so schüchtern wirkende Herr Härter taute hier auf. Und es schien mir, als bewegte er sich freier, wenn die Gastgeber nicht im Haus waren, von denen er sich – bei aller Freundschaft – vielleicht doch abhängig fühlte.

Grassens kamen aus Südfrankreich zurück. Zwei Tage später sollte Günter Grass in Frankfurt am Main der Georg-Büchner-Preis verliehen werden. Anlässlich dieses Ereignisses reiste er wieder nach Westdeutschland und hielt in der Feierstunde seine »Rede über das Selbstverständliche«.

Frau Grass liebäugelte seit einiger Zeit mit einem Geschirrspülautomaten. Vielleicht um nicht Geschirr abwaschen zu müssen, wenn ich sonntags frei hatte? Oder aus einem anderen sie überzeugenden Grund. Wenige Tage nach der Preisverleihung wurde der Geschirrspüler ins Haus gebracht. Auf diese Weise bekam auch ich etwas von der Auszeichnung ab.

Aber etwas viel Wichtigeres ging mir zugleich verloren. Entfernte sich, flog einfach davon. Ich begleitete Hanny zum Flughafen und sah den großen silbernen Vogel am blauen Himmel entschwinden. Ein intensives Gefühl von Abschied. Wir hatten uns in dem halben Jahr gut aneinander gewöhnt und sogar richtig angefreundet.

Eine neue Kinderschwester sollte Anfang Januar kommen, wiederum aus der Schweiz. Bis dahin blieb ich die einzige Hilfe im turbulenten Haus. Von nun

*Auch zum
Abschied:
Porträt mit
Autograph
Günter Grass*

an und bis zum Ende meiner Berliner Zeit bewohn-
te ich das zuvor mit Hanny geteilte Zimmer allein.
Alle notwendigen Möbelstücke waren vorhanden.
Bett, Kleiderschrank, eine klotzige türkisfarben ange-
strichene Kommode, ein nicht weniger klobiger Tisch
und zwei harte Stühle. Als ich von einer Bekannten
ein Radio geliehen bekam, holte ich mir aus dem Keller eine Apfelsinenkiste dazu, die – mit einem bunten
Kopftuch bedeckt – gerade passend war, als Nacht-
tischchen eine Nachttischlampe und das Radio aufzunehmen.

Anna Grass hatte Geburtstag. Grund, sich Gedanken zu machen, was man ihr schenken konnte. Aber das war kein Problem in diesem Haus, wo selbst so brauchbare Utensilien wie Topflappen fehlten.

Mit dieser selbstgehäkelten Handarbeit lief ich nicht Gefahr, dass Frau Grass sie für überflüssig oder unnütz halten würde, wie das mit den T.T.T.s beispielsweise der Fall war. Denn sie selbst suchte oftmals nach einem Handschutz, der sie siedendheiße Schüsseln und Töpfe anfassen ließ, ohne sich dabei die Finger zu verbrennen.

Sie freute sich. Alle in der Küche hantierenden Personen benutzten nun die Topflappen in »heißen Fällen« und wunderten sich nacheinander, warum bisher niemand auf die Idee gekommen war, welche zu kaufen.

Heidi, meine Vorgängerin, machte nun eine Ausbildung zur Krankenschwester und wohnte in einem Schwesternheim.

Sie hatte die Idee gehabt, Grassens zum Kaffee einzuladen. Dort plauderten sie mit Schwesternschülerinnen, besichtigten die moderne Schule und wurden von der ehrwürdigen Frau Oberin begrüßt.

Eines Abends, wir saßen am Abendbrottisch und Günter Grass wollte gegen acht Uhr in der Stadt sein, bei den »Falken«, einer der SPD nahestehenden Jugendorganisation, fragte er mich unvermutet: »Margarethe, wollen Sie nicht mitkommen? Das ist bestimmt interessant für Margarethe. Was meinst du, Anna?«

»Ja, sicher. Dort sind doch alles junge Leute in Ihrem Alter oder etwas älter. Möchten Sie?«

»Ja, gern.«

»Also dann!«

Im Taxi auf dem Weg dorthin erhielt ich einen Schnellkurs über die »Falken«. Politische Organisationen waren völliges Neuland für mich.

Am Versammlungsort angekommen, wurde Günter Grass von einem jungen Mann begrüßt. Günter stellte mich vor. Ich folgte den beiden in einen Veranstaltungsraum im oberen Stockwerk. Einige Jugendliche waren schon da. Man schnappte sich einen Stuhl und nahm ungezwungen in einem Halbkreis Platz. Nach einer geraumen Weile waren alle Interessierten eingetroffen, überwiegend junge Männer. Kaum jemand nahm erkennbar Notiz von dem Gast. Und wäre er nicht von dem Begleiter, der ihn empfangen hatte, noch einmal offiziell begrüßt worden, hätte man den Eindruck haben können, er sei gar nicht extra eingeladen worden, er gehöre dazu.

Und eigentlich hätten wir nach einer halben Stunde auch schon wieder gehen können. Ziemlich rasch stellte sich nämlich heraus, dass Günter Grass' Idee, in diesem Kreis einen Babysitterring zu initiieren, um damit Hilfen anzubieten und zugleich jungen Familien den guten Geist von Es-Pe-De-Nachwuchsorganisationen nahezubringen, nicht geschätzt wurde.

Günter Grass wollte einen Anstoß geben. Die Gruppe junger Leute sollte aktiv werden. Und das in einem Rahmen, dem sie gewachsen wären. Er wollte sie Distanz finden lassen zum Nur-Diskutieren, Nur-Politisieren und ihnen gleichzeitig die Chance geben, Probleme junger Familien kennenzulernen. Sie würden dann später innerhalb der Partei nicht an der Gesellschaft vorbeiagieren.

Aber weit gefehlt! Etwas derart Simples, so Primitives, war von den »Intelligenzlern« doch unmöglich zu verlangen! Besonders aggressiv verhielt sich ein vor Fett überquellender Mann, der gut zwei Stühle gefüllt hätte. An dem Gespräch beteiligten sich sowieso nur die Ältesten der Gruppe. Sie führten das Wort gegen Grass und seine – wie sie es nannten – »kindische Idee«.

Selbst als der auf Ausgleich bedachte Gruppenverantwortliche meinte: »Da Sie ja nun mal hier sind, Herr Grass ...«, und damit zu einem anderen, SPD-orientierten Thema überleiten wollte, kam keine normale Diskussion zustande.

Auflockernd, aber dennoch nicht eisbrechend, wirkte erst des Gastes Frage, ob es hier etwas zu trinken gäbe oder ob sich jemand bereit erkläre, etwas zu besorgen. Es meldete sich einer. Günter drückte ihm seine Geldbörse so in die Hand, wie er sie aus der Hosentasche zog. Eine erstaunlich selbstverständliche, vertrauensvolle Geste einem Unbekannten gegenüber.

Es gab Bier. Und dann folgte ein weiterhin mühsames, fruchtloses Gespräch. Am Ende wurde Herrn Grass vom Offiziellen der Jugendgruppe für sein Kommen gedankt. Und das war's.

Wir verließen das Gebäude. Im Stechschritt ging es die Straße entlang, immer auf der Hut, ob ein vorbeifahrendes Taxi frei war, auf unser Zeichen hin anhielt und uns mitnahm. Grass hatte ein solches Tempo drauf, dass ich mehr laufend als gehend versuchte,

144

ihm zu folgen. Dabei amüsierte er sich über das gerade Erlebte. Nicht mal so sehr über die erfolglose, unerfreuliche Diskussion, sondern vielmehr über den dicken, fetten, unästhetischen Typen, der geredet hatte, was er konnte, laut und immer kontra.

Wir lachten beide. Ich allerdings nur so weit es mir möglich war, atemlos vom Rennen. Im Gegensatz zu den selbstsicheren, von sich selbst überzeugten »Falken« wagte ich es nicht einmal, Herrn Grass zu bitten, sein Schritttempo wenigstens ein klein wenig zu drosseln. Wir erwischten ein Taxi, und ich konnte endlich verschnaufen. Meine hochrote Gesichtsfarbe hatte dieses eine Mal nichts mit Verlegenheit zu tun.

Inzwischen war es November, und der Schriftsteller wollte einer Einladung nach London folgen.

»Anna, kommst du mit? Ich gehe nur, wenn du mich begleitest.«

»Ich kann doch nicht fort. Margarethe wäre dann allein mit allem. Und außerdem: fliegst du?«

»Ja, natürlich, sonst dauert es zu lange. So viel Zeit hab ich nicht. Ach, bitte, komm mit! Ist doch nur für ein paar Tage.«

Und während wir aufstanden und ich den Esstisch abräumte, versuchte Günter Grass bei seiner Frau Begeisterung zu wecken für seine Idee, sie zu locken.

»Da gibt es viele Antik-Geschäfte, weißt du, so richtig schöne alte Dinger, wo du herumkramen kannst.«

Er kannte Annas schwache Stelle sehr gut, und sie begann zu überlegen, wie es im Haus weiterlaufen sollte während der Tage dieser Reise.

Die Tochter der Bügelfrau – die sich der Plättwäsche annahm, wenn keine Praktikantin in der Familie war – sollte nachmittags zu meiner Unterstützung und Entlastung für einige Stunden kommen. Die Schularbeiten der Zwillinge sollte sie auch beaufsichtigen, was meistens eine recht anstrengende Aufgabe war. Außerdem sollte sie Bruno versorgen. Der alltägliche Rest war mein Geschäft.

Alles war organisiert und besprochen. Die Kinder und ich winkten dem Taxi zum Flughafen nach. Ein Wochenende stand bevor, und ich verbrachte den Nachmittag damit, eine köstliche Zitronentorte zu backen. Ungewöhnlich aufwendig im Vergleich zu den üblicherweise hier gewünschten und produzierten Kuchen.

Ich war dabei, das Abendessen vorzubereiten, und die Tochter der Bügelfrau leistete mir in der Küche Gesellschaft. Die Kinder spielten nach den erledigten Schularbeiten hinter dem Haus im »Hofgarten«. Nur einen Spalt weit öffnete sich die Küchentür, und Frau Grass wurde sichtbar. Wir trauten unseren Augen nicht.

»Ich bin nicht mitgeflogen«, kam es kleinlaut vom Türspalt, aus einem Gesicht mit verweinten Augen. Dann verschwand sie im Schlafzimmer bis zum Abendessen.

Erst am nächsten Tag war Anna Grass in der Lage, uns zu erklären, sie sei beim Anblick des Flugzeugs dermaßen in Panik geraten, dass es ihr unmöglich wurde, dort einzusteigen. Dummerweise hatte sie kurz zuvor in einer Zeitung von einem Flugzeugunglück in London gelesen. Außerdem war es an diesem Vormittag neblig gewesen. Und sie hatte nicht zeitig genug ihre Reisetabletten geschluckt, die vielleicht geholfen hätten, sie gleichgültiger zu machen. So musste ihr Mann dann alleine reisen, worüber er nicht begeistert war. Wir genossen gemeinsam die leckere Zitronentorte.

In mehr oder weniger regelmäßigen Abständen saß Grass' Sekretärin in dem winzig kleinen Kämmerchen, oben beim Atelier, an ihrer Schreibmaschine. Sie kam auch, wenn er auf Reisen war.

Am frühen Nachmittag, wenn sie sicher annehmen konnte, ich sei dort, kam sie auf ihren Stöckelschuhen die teilweise knarrenden Treppenstufen herunter zur Küche, vom Hunger getrieben. Stundenlanges Zigarettenrauchen füllte ihren leeren Magen nicht.

Um diese Tageszeit war das Mittagessen längst vorüber. Ich wusste nie, ob Frau Grass zustimmte oder dagegen war, wenn ich sie mit Rotwein versorgte, mit Käsebrot oder was sonst gerade vorhanden war.

Für die Sekretärin war es wohl auch eine gern gesuchte Unterbrechung vom eintönigen Schreibmaschinengeklapper dort oben unterm Dach.

»Ach, Frau Grass hat bestimmt nichts dagegen, wenn Sie mir etwas zu essen geben«, meinte sie dann – selbst nicht ganz so überzeugt vom Gesagten, wie mir schien, wenn sie merkte, dass mir die Situation etwas unbehaglich war.

»Anfangs, als ich hier ins Haus kam, um für Herrn Grass die Post zu schreiben, da haben sie mir um die Mittagszeit öfter einmal etwas vom Essen gebracht, allerdings war das Fisch. Ich habe auch davon gegessen, aber das kam mir gleich wieder hoch, und ich bin nur so zum Klo geflitzt. Fisch mag ich nämlich überhaupt nicht. Na ja, und seitdem werde ich gar nicht mehr gefragt. Und sitzen Sie mal da oben so viele Stunden. Mit der Zeit wird man doch ganz schön hungrig. Heidi hat mir auch immer etwas zu essen gegeben wie Sie jetzt. Das war vielleicht ein nettes Mädchen, die Heidi …«

So ging das Geplauder weiter.

Eine Praktikantin konnte man zwischendurch auch mal unverbindlich fragen, was »der Günter« erzählt hat, wie es ihm hier oder dort gefallen hatte. Was er über dies oder das gesagt hatte. Denn wissen wollte man doch gern mehr über ihn, wollte aber zurückhaltend sein und wagte nicht zu oft, ihn all das persönlich zu fragen.

Niemals kam sie auf den Gedanken, sich selbst einen Imbiss mitzubringen. Und ebenso kam ich niemals auf die Idee, Frau Grass schlicht zu fragen, ob und was die Sekretärin zu essen oder zu trinken bekommen sollte, wenn sie hungrig oder durstig war.

Ein Nachmittag. Günter Grass kam vom Atelier herunter und war auf dem Weg ins Wohnzimmer, als er an der Küchentür vorbeiging und Anna dort am Tisch hantieren sah.

»Anna, mach mir einen Tee, ich habe schlechte Laune!«

Diese Bemerkung ging mir nie wieder aus dem Sinn. Gut, er war in mieser Stimmung. Er hatte das erkannt und wusste vielleicht selbst nicht recht, warum. Aber in dem Ton, mit dem er es sagte, lag gleich die Botschaft, dass sie nicht der Grund dafür war.

Das, was man im familiären Miteinander gemeinhin als schlechte Laune bezeichnet, war für Anna Grass, wie mir immer wieder schien, eine völlig unbekannte Erscheinung. Ebenso für ihren Mann, der zwar mehr oder weniger gesprächig, beschäftigt oder in Gedanken sein konnte, aber nie wirklich depressive Stimmungen ausstrahlte oder schlechte Laune verbreitete. Seine Unzufriedenheiten wurden mit einem Tee ausgeglichen, und die Familienstimmung blieb harmonisch.

Meine Mutter schrieb in einem ihrer Briefe, die neueste Errungenschaft zur Erleichterung ihrer vielen Hausarbeit sei ein Teppichklopfsauger. Ich schrieb zurück: Das ist ja toll! Und unsere arme Putzfrau hier muss sich mit den ollen Holzfußböden abmühen, wo sich außerdem aller Krümeldreck mit Vorliebe in den Ritzen zwischen den grob gefugten Holzbohlen sammelt.

Einmal in der Woche schuftete Frau Asse treu daran herum. Sie hatte ein mit bunten Perlchen garniertes Haarnetz über den Kopf gespannt, das ihre Lockenpracht schützend zusammenhielt. Nur eine kurze Pause legte Frau Asse ein, aß Butterbrote bei mir in der Küche und trank frisch gepressten Orangensaft dazu, um die verpulverte Energie zu erneuern.

Der zweite Teil ihres arbeitsreichen Vormittags war häufig der enttäuschendere. Wenn sie mühsam dabei war, dem Fußboden im großen Essraum mit allerlei bohnerwachsähnlichen Mitteln wenigstens ein klein wenig glänzende Ansehnlichkeit aufzudrängen, kamen Franz und Raoul aus der Schule heim. Mit ihren derben Schuhen stapften sie garantiert an den Stellen herum, wo die glanzbringende Politur noch längst nicht eingezogen war. Raus und rein ging's durch die Hintertür, und unversehens war wieder alles schmutzig. Ich habe immer Frau Asses Gelassenheit bewundert. Die musste wohl daher kommen, dass sie schon seit langer Zeit ins Haus kam und die teilweise ungewöhnlichen Gegebenheiten kannte.

So freundete sich Frau Grass auch nur schwer mit dem Gedanken an, Frau Asse als vertraute Hilfe zu verlieren. Mit ihren sechzig Jahren war diese nämlich ganz plötzlich fest entschlossen, in den Stand der Ehe zu treten. Und bei gemeinsamer Kasse mit dem zukünftigen Angetrauten hatte sie das Reinemachen als Broterwerb nicht mehr nötig.

Die neue Hilfe für das Saubermachen lernte ich nicht mehr kennen. Zu dem Zeitpunkt ging meine Grass'sche Zeit zu Ende.

Einen einzigen freien Sonntag meiner gesamten Berliner Zeit verbrachte ich in Ostberlin.

Ich fuhr gemeinsam mit einer guten Bekannten, die den östlichen Stadtteil bereits häufiger besucht hatte. An kundiger Führung hat es also nicht gemangelt. Allerdings war es Mitte November und ich habe diesen an sich abwechslungsreichen Tag nur als bitterkalt in Erinnerung, mit diesig blauem Himmel und fahlem Sonnenschein. Wir liefen umher, und alles schien mir grau in grau. Fröhliche Gesichter sah ich kaum. Die Autos waren lauter als im Westen, stießen grau-schwarze Wolken aus. Geräumte und auch noch ungeräumte Trümmergrundstücke vermittelten ebenso Tristesse wie die noch immer von Kriegsbränden geschwärzten Hausfassaden mit ihren alten Einschusslöchern und abgerissenen Balkons. Die eisige Luft kühlte mich immer mehr aus. Als wir in der Marienkirche waren, klapperten mir die Zähne. Draußen kreischten Straßenbahnen zum Gotterbarmen. So kannte ich das alles nicht. Die Kälte. Die martialischen Verkehrsgeräusche. Die Freudlosigkeit beim Anblick der Straßenzüge.

Wir trafen eine mit meiner Bekannten befreundete Gemeindeschwester, die uns zu sich eingeladen hatte. Das alte Gemeindewohnhaus war in erbärmlichem Zustand. Außen wie innen bröckelnder Putz, Schimmel, marode Treppen. In der Wohnung war es kaum wärmer als draußen. Unsere Gastgeberin musste erst den Ofen anheizen. Als der sich in der Stube tüchtig ausgequalmt hatte, konnte sie Wasser für Kaffee aufsetzen. Wir saßen und redeten, zogen unsere Straßenkleidung nicht aus. Was sie von sich und ihren Dienstumständen zu erzählen hatte, war auch nicht erwärmender. Irgendwann zogen wir weiter, zur Friedrichstraße.

Neue Bilder fand ich nicht. Nur ein Erlebnis stach alles andere noch aus: Es war die Fahrt mit einem sehr klapprigen, lauten und stinkenden, einem dieser vorsintflutlichen, »volkseigenen« Autobusse durch den Osten Berlins. Fast ungefedert rumpelte er durch die vielen Schlaglöcher und über grobes Straßenpflaster. Wir hatten Turnübungen zu absolvieren, um uns festzuhalten. Dabei wurde mir sogar ein bisschen warm.

»Mein Gott, wie gut haben wir's drüben …«

»Komm, wir fahren zurück«, sagte meine Bekannte.

Sonntagnachmittags besuchte ich einige Male die Familie meines Onkels, eines Bruders meines Vaters, der im Bezirk Charlottenburg lebte. Allerdings fand ich es ziemlich langweilig, mich dort mit meiner jüngeren Cousine zu vergnügen. Mein Leben bei Grassens war eben viel interessanter. Und außerdem wurde ich da als erwachsene Person wahrgenommen und behandelt, was ich als gerade Siebzehnjährige besonders schätzte.

Beeindruckend war ein Museumsbesuch in Berlin-Dahlem. Ich wollte unbedingt »Nofretete« bewundern und war dann enttäuscht – sie schien mir in der Realität so klein. Viel größer hatte ich sie mir vorgestellt! Davon habe ich aber nichts erzählt.

»Na, hatten Sie einen schönen Nachmittag?«, fragte mich Anna Grass an einem anderen Sonntagabend.

»Ich war im Kino und habe ›My Fair Lady‹ gesehen.«

»Das hat Ihnen bestimmt gefallen.«

»Der schönste Film, den ich je gesehen habe«, schwärmte ich.

Es klingelte an der Haustür. Günter Grass stand auf, um zu öffnen. Er hatte gerade begonnen, am Frühstückstisch die Zeitung zu lesen, und nahm wohl an, die Post würde gebracht.

152

Worte freudiger Begrüßung waren zu hören. Es war nicht der Briefträger, sondern ein guter alter Freund aus gemeinsamer Studienzeit in Düsseldorf. Und dann saßen sie beide stundenlang am oberen Ende des Esstisches, tranken Kaffee und unterhielten sich.

Der Hausherr lachte sein kicherndes Lachen, das durch immer neue Bemerkungen und Erzählungen seines Bekannten angeregt wurde. Ein uriger Typ, kräftig, massig, saß er dort auf dem nicht sehr bequemen Esszimmerstuhl.

Er hatte einen auffallend absonderlichen Bart, der fernöstlich wirkte und etwas dürftig erschien in dem dicken Gesicht. Tatsächlich, wie wir später beim Essen erfuhren, hatte er seine besondere Bartform in einem chinesischen Buch gesehen, Gefallen daran gefunden und die Barthaare nach der Vorlage sprießen lassen.

Das Mittagessen war längst fertig, die Zwillinge aus der Schule zurück. Laura wurde aufmerksam.

»Mama, warum reden die so lange, und warum lacht der Günter immer so?«

»Ach, weißt du, das ist ein Freund von Günter. Die kennen sich schon viele, viele Jahre lang. Und wenn sie sich unterhalten, dann braucht der eine nur irgendetwas zu sagen, manchmal nur ein oder zwei Wörter, und dann weiß der andere schon ganz genau, was gemeint ist. Meistens sind das lustige Erinnerungen. Und darum lachen sie dann beide.«

»Kann man das denn?«, kam Franz' ungläubige Frage. »Nur ein Wort sagen, und schon versteht der andere alles?«

»Wenn man sich sehr gut kennt und gemeinsam viel erlebt hat, dann kann ich mir das wohl vorstellen. Du nicht, Franz?«

»Ich habe lieber eine richtige, lustige Geschichte.«

Dann endlich erhob sich der Freund, verabschiedete sich und ging.

Ein wahrhaft legendärer Freund, denn Günter Grass hatte schon früher, ohne dass man wusste, um welche tatsächliche Person es sich handelte, die unwahrscheinlichsten Dinge von ihm erzählt.

Für mich war auch die »Gruppe 47« wahrhaft legendär.

Als stumme Zuhörerin hatte ich inzwischen viel erfahren über die Frauen und Männer dieses wichtigen Zirkels. Einigen von ihnen war ich im Hause Grass begegnet und hatte auch über sie unwahrscheinliche Sachen gehört. Aber was konnte ich damals schon verstehen oder gar einordnen in die Fächer von Dichtung und Wahrheit?

Realität war: Zwei Tage lang würde die »Gruppe 47« in der Nähe des Wannsees tagen. Diese Botschaft war mir verständlich und sagte alles. Denn Günter und Anna Grass waren selbstverständlich dort und überließen mir Haus und Kinder. Da hatte ich genügend Beschäftigung. Musste die Kinder rechtzeitig zur Schule schicken, das Baby baden, wickeln, füttern, Laura versorgen, einkaufen, Essen kochen, Schularbeiten nachsehen, Wäsche waschen, aufhängen, abnehmen, bügeln und abends die Kinder ins Bett bringen.

Alles klappte gut. Und noch einen weiteren Tag lang durfte ich allein diese Aufgaben wahrnehmen,

weil Grassens sich vom anstrengenden Treffen ausschlafen und ausruhen mussten und auch erst zum
nächsten Mittagessen wieder auftauchten. Frau Grass
war froh und zufrieden, beruhigt fortbleiben zu können. Und ich schätzte selbstständiges und verantwortungsvolles Tun.

Aber so ganz ohne Schwierigkeiten und immer wieder wohlwollendes Bemühen verliefen diese Zeiten
nicht. Die Autoritätspersonen für die Kinder wechselten häufig. Für einige Monate war es eine Kinderschwester, der sie zu folgen hatten. Und gleichzeitig der Mutter, wenn sie anwesend war. Dann und
wann auch dem Vater und der Praktikantin, die jedoch ebenso wie die Kinderschwester nach einer gewissen Zeit wieder ging und durch eine neue Person ersetzt wurde. Weil das seit Jahren so lief, waren
besonders die Ältesten schon etwas aufsässig. Absichtlich nicht tun wollen, was die Erwachsenen verlangen, ist zwar eine bei allen Kindern ab und zu
auftretende normale Reaktion, aber die Grass'schen
Zwillinge waren darin schon außerordentlich tüchtig. Am schwierigsten war es für den Vater, derartige
Situationen zu meistern. Denn waren die Eltern da,
hielten Kinderschwester und Praktikantin sich zurück. Und dann strapazierten die Buben seine Gutmütigkeit und sein Einfühlungsvermögen bis an die
Grenzen.

Frau Grass war beim Friseur – in der Tasche die extragroßen Lockenwickler aus Amerika, auf die der Kopfschmuckkünstler jedes Mal ihre Haarpracht aufdrehte.

Da sie nicht pünktlich zum Mittagessen zurück sein würde, sollten wir ohne sie beginnen.

Franz und Raoul kamen übermütig aus der Schule heim, schmissen die Tornister im Flur auf die Erde und verschwanden lautstark hinterm Haus. Sie kamen mir vor wie elektrisch aufgeladen. Ihr Übermut war kurz davor, in Streit umzuschlagen. Es blieb jedoch zunächst bei kleinen Rangeleien.

Dann rief die Kinderschwester: »Franz und Raoul, bitte Hände waschen, wir essen jetzt!«

Sie alberten weiter herum, taten, als hätten sie nichts gehört, bis sie von Hanny eigenhändig ins Haus geholt wurden. Franz wusch seine Hände, Raoul tat es nur sehr widerwillig.

»Dieses blöde Händewaschen, immer, immer, immer. Siehste, hab doch sowieso saubere Hände!«

»Aber Schwester Hanny will das immer so.«

Franz trocknete die Hände nicht ab, spritzte das Wasser rund um sich herum, und Raoul tat es ihm selbstverständlich gleich. In seiner übermütigen Stimmung spritzte er Hanny das Wasser entgegen. Herr Grass kam dazu.

»Raoul, würdest du das bitte sofort lassen? Das ist nicht nett! Geh und trockne die Hände richtig ab!«

»Sind doch längst trocken!«

Schwuppdiwupp saß er am Esstisch.

»Du, werd nicht ungezogen!«, mahnte sein Vater, während wir alle Platz nahmen und mit dem Essen begannen. Aber das Stimmungsbarometer stieg weiter. Raoul argumentierte gegen das, was er zu essen bekam, gegen das, was Hanny sagte, und letztlich wurde er frech gegen seinen Vater, dem dann seinerseits der Geduldsfaden riss.

»Raoul! Du tust jetzt, was ich gesagt habe!«

»Nein!«, rief der und warf die Gabel auf den Teller. Kartoffelbrei spritzte über den Tisch.

»Raoul! Benimmst du dich jetzt anständig?«, hörte man es energisch vom Vater. »Sonst fliegst du raus und kannst in der Küche weiteressen!«

»In der Küche essen, hahaha!«

Günter sprang vom Stuhl auf, Raoul ebenso, als er merkte, nun würde es ernst. Er flitzte durch den Flur zum kleinen Waschraum, Günter hinterher. Rums! Die Tür knallte zu, und der Schlüssel drehte sich von innen herum. Raoul fühlte sich wohl vorerst sicher, und sein Vater stand wütend vor der Tür.

»Mach sofort die Tür wieder auf!«

»Nee!«, klang es triumphierend von drinnen.

»Raoul! Du kommst jetzt sofort da raus und entschuldigst dich für dein schlechtes Benehmen!«

»Ich komme nicht!«

Herr Grass ging den halben Weg zurück zum Esstisch, wo wir mit nicht gerade großem Appetit weiteraßen.

»Raoul, komm jetzt! Dein Essen wird kalt!«

Günter Grass marschierte wieder Richtung Tür. Er spürte, dass er machtlos war, und zog alle Register, um den Sohn doch noch umzustimmen, seinem Befehl nachzukommen.

»Ich hau dich auch nicht, Raoul!«

»Das glaube ich nicht!«, war die Antwort, denn er schien einzusehen, dass er zu weit gegangen war, und rechnete mit einer Strafe.

»Doch! Ich verspreche dir, dass ich dich nicht haue. Aber komm jetzt da raus!«

»Nein!«, blieb Raoul trotzig.

»Dann kriegst du eben nichts zu essen.«

Resigniert ging Günter zu seinem Platz am Tisch zurück.

»Ich komme erst, wenn du nicht mehr da vor der Tür stehst!«

Nach einem Weilchen wagte Raoul sich vorsichtig aus dem kleinen Raum heraus und setzte sich mit widerspenstiger Miene vor seinen Teller. Der Vater ignorierte ihn.

Wie sagte Günter Grass immer: »Schläge gibt's bei uns nicht!«

Für den Jungen wären Schläge die geringere Strafe gewesen. Nicht beachtet zu werden, wurde ihm viel bitterer. Er blickte vorsichtig in die Runde. Hatte vielleicht die Hoffnung, dass der Sturm sich ganz schnell legen würde. Verbündete fand er aber nicht. Diesmal musste er richtig hart daran arbeiten, wieder in den ihm doch so lieben Kreis zu kommen.

Einfacher war es mit der vier Jahre jüngeren Laura. Die strapazierte allerdings wochenlang allmorgendlich meine Nerven, als keine Kinderschwester im Haus war und ich ihr beim Anziehen helfen musste. Ihre Mutter meinte ja, sie sei nun alt genug und könne lernen, sich selbst anzuziehen. Laura dachte da anders. Sie saß stundenlang daumenlutschend im Bett, döste und spielte mit den Kleidungsstücken herum, brauchte eine Ewigkeit, um endlich ein Hemdchen anzuziehen.

War Frau Grass inzwischen aufgestanden und ihr die Geduld mit Lauras Anziehtempo ausgegangen, wurde der kleinen Lady doch wieder geholfen.

Großes Theater gab es um die Bluejeans. Eine Vorstellung, die sich über Wochen und Monate Tag für Tag wiederholte. Weil Lauras nachahmenswerte Vorbilder die beiden großen Brüder waren, wollte sie sich ebenso in Bluejeans kleiden. Sie hatte solche Hosen und verlangte, sie jeden Morgen anzuziehen. Wehe aber, das war nicht möglich, weil sie gewaschen werden sollten oder noch nicht trocken waren oder Frau Grass für ihre Tochter, selten, aber ab und zu, ein Kleid vorgesehen hatte, dann konnte Laura ohne Ende – tatsächlich – nerven, mit Gejammer und Genöle.

»Bluejeans, meine Bluejeans! Ich will aber meine Bluejeans anziehen!«

Als endlich Kinderschwester Esther zu Beginn des neuen Jahres in die Familie kam, durfte sie sich die Bluejeans-Arien anhören, und ich konnte wieder in Frieden die Orangen fürs Frühstück auspressen.

Im Übrigen war die Mutter sehr bestrebt, ihre Kinder bewusst zu erziehen. Sie machte sich viele Gedanken darüber, sprach auch mit den jeweiligen Kinderschwestern intensiv über ihre Ansichten, hatte feste Vorstellungen, was gut und notwendig war und was überflüssig.

Beispielsweise kam das »Struwwelpeter-Buch«, das in den meisten Kinderzimmern seinen festen Platz hatte, für ihre Kinder nicht ins Haus. Die Mutter Anna Grass versuchte, das oft schwierige Verhalten ihrer Kinder zu verstehen, entsprechend verständig darauf zu reagieren, um die ohnehin auch altersbedingte Aggressionsbereitschaft gering zu halten.

Mode war immer schon ein Thema in der Familie Grass. Vor allem für Anna Grass. Modebewusst, wie sie war, reflektierte sie meist den letzten Schrei der Modeschöpfer.

Damals waren es die Kniestrümpfe zum immer kürzer werdenden Minirock, die bei Anna Grass' vom Ballett trainierten kräftigen Waden ihre besondere Wirkung taten. Kostüme und, seltener, lange Hosen sowie Rock und Pullover trug sie, sicherlich aus bestem Material. Mit ihrem selbstbewussten schwingenden Gang wurden Kleider und Röcke alle zu ihrer persönlichen Note, Teil ihrer selbst.

Esther und ich, die Kinderschwester und die Haustochter im Hause Grass, wir jungen Leute also, hatten zu dieser Zeit noch einen weitaus konservativeren Geschmack als unsere Chefin. Esther war Hannys Nachfolgerin. Wir verstanden uns auf Anhieb. Doch die Nähe, zu der Hanny und ich gefunden hatten, stellte sich nicht ein.

Ich war wieder einmal allein mit den Kindern. Franz' Übermut war nicht zu bremsen. Vor lauter Albernheit fuchtelte er dabei mit einem Taschenmesser in der Luft herum und reagierte nicht auf meine Ermahnungen. Da war es kein Wunder, dass das Messer mich unversehens am Auge traf. Glücklicherweise kam ich mit dem Schrecken und einer Schwellung gerade noch davon.

160

Es war natürlich kein böser Wille im Spiel gewesen. Nur eben zügelloser Übermut.

Nach solch anstrengenden Tagen in eigener Regie war ich abends todmüde und hatte kaum noch Lust oder Energie, all meine persönliche Post zu beantworten, zu lesen oder sonst einem Hobby nachzugehen.

Es war Dezember, und aus verschiedenen Anlässen gab es Grund, das »Friedenauer Frühstück« einzuführen. Ingeborg Bachmann würde nun wirklich Abschied nehmen und nach Rom zurückkehren, wo ihr der Lebensstil sowie die Menschen und deren Mentalität mehr zusagten. Gleichzeitig sollte Hans-Magnus Enzensberger willkommen geheißen werden, der seine zukünftige Winterresidenz in Berlin aufschlagen wollte. Mit Frau, Tochter und siamesischer Katze waren sie in eine Wohnung gezogen, die mir, als ich sie sah, noch spartanischer vorkam als Grassens Domizil. Wäre es auszuschließen, dass Anna den Freunden diesbezüglich beratend zur Seite gestanden hatte? Ich dachte, dass nach längerem Aufenthalt doch das eine oder andere Möbelstück dazukommen würde, um wenigstens ein klein wenig Gemütlichkeit zu schaffen. Ich konnte mir einfach nicht vorstellen, wie man sich auf Dauer in solch karger Umgebung wohlfühlen könnte.

Enzensbergers wollten während des Sommers weiterhin auf ihrer norwegischen Insel leben. Von dort waren sie eben gekommen und hatten ein kleines weißes Kätzchen mitgebracht. Der Familie Grass zum Geschenk. Laura, Franz und Raoul waren hellauf begeistert. Die Katze vermutlich weniger. Denn mit ihrem Einzug ins turbulente Haus hatte sie kein ruhiges Dasein mehr. Sie wurde aus dem Schlummer gerupft, wann immer es den Kindern in den Sinn kam, mit dem Tier zu spielen. Sie wurde gejagt in Haus und Hof, sodass sie auf einen der Zwetschgenbäume hinterm Haus flüchtete und stundenlang nicht wieder herunterkam.

Schon nach zwei Tagen war sie nicht mehr weiß, sondern schmutzig-grau. Ein andermal entwischte die Katze geradewegs durch die einen Spalt weit geöffnete Haustür in den Vorgarten. Herr Grass und ich hinterher.

Und zur Belustigung der Passanten versuchten wir, dem flinken, gewandten Kätzchen in plumper Menschenart auf die richtigen Sprünge zu helfen. Rasch schloss ich das Gartentor, um die wilde Katzenjagd nicht noch auf der Straße fortsetzen zu müssen. Denn jetzt schon brachte es uns schallendes Gelächter ein von jenseits des Zauns. Die Leute verlangsamten ihre Schritte, um nur ja nichts von der Vorstellung »Katz und Grass« zu versäumen.

Je länger wir erfolglos blieben, umso mehr Tricks führte uns das kleine Vieh vor. Kauerte sich wie zum Spaß an die Hausmauer, ließ uns bis auf drei Schritte herankommen, um erneut davonzuflitzen und ähnliche Vorstellungen im Blumenbeet und am Zaun zu geben.

Immer wenn Günter Grass meinte, die Katze diesmal bestimmt zu schnappen, um der Jagd ein Ende zu bereiten und nicht weiter auf dieser Bühne wirken zu müssen, was ihm unangenehm und peinlich war, stieg die Stimmung auf dem Bürgersteig.

Erst als die Katze unter einem Gebüsch in der Ecke des Grundstücks saß und glaubte, uns wiederum zu necken, entwickelten wir eine neue Fangtechnik. Wie Torwarte in gebückter, breitbeiniger Beobachtungsstellung mit den Armen pendelnd und diese jederzeit griffbereit vor dem Körper schwingend, konnten wir den krallenbewehrten Ball beim nächsten Fluchtversuch halten und als Jagdtrophäe ins Haus zurück tragen.

Ob Günter Grass sich auch so bemüht hätte, hätte er gewusst, dass die Katze zwei Tage später wiederum entwischte und diesmal auf Nimmerwiedersehen, wage ich zu bezweifeln. Jedenfalls nicht nochmals zum Amüsement Vorübergehender und mit der Gewissheit, dass bald Fotografen auf möglichst lächerlich anzusehende Schnappschüsse warten würden.

Das kleine Kätzchen hatte es nur eine knappe Woche im Grass-Quartier ausgehalten und ist wahrscheinlich nachts aus der Haustür gesprungen, als die immer noch im Haus wachenden Polizisten ihren Posten verließen.

Wesentlich phlegmatischer war die dicke, fette Siamkatze, die Hans-Magnus Enzensberger beim ersten Besuch stolz ins Haus trug. Ihr Umfang hinderte sie an so flinken Bewegungen, wie sie ihrer kleinen Artgenossin möglich waren. Und so brachte das hässliche und unförmige Tier Herrn Enzensberger keine spannenden Jagderlebnisse, sondern nur harmlose Sofageschichten ein.

Zum »Friedenauer Frühstück«, das erst für den späteren Vormittag angesetzt war, kamen ein Dutzend Leute. Den Bemerkungen einer Dame war zu entnehmen, dass sie es reichlich spät fand fürs Frühstück und der Magen ihr seit Stunden ein unangenehmes Gefühl der Leere bescherte. Sie hätte solchen Beschwerden ja mit einem Ohnmachtshappen zu Hause vorbeugen können. Aber dann hätte sie fürchten müssen, nicht mehr so kräftig zulangen zu können. Denn Einladungen zum Essen in Grassens Haus hatten ja einen immens guten Ruf.

Koch Grass machte eine große Pfanne mit Rührei zurecht. Ich presste Pampelmusen aus. Das ergab eine große Glaskanne voll frischem Saft. Ansonsten gab es verschiedenerlei Brot und Brötchen, Marmelade wie üblich, Wurst und Käse.

Einen besonders guten Gänsebraten, das Leibgericht von Ernst Bloch, bereitete Günter Grass an einem Sonntag zu. Während er sorgfältig die Gans im Ofen begoss, sagte er: »Herr Bloch ist ein großer Philosoph in unserer Zeit!«

Er schien stolz zu sein, diesen Mann zu Tisch bitten zu können.

Der alte Herr nahm Platz im Grass'schen Familienkreis und ließ sich die saftige Gänsekeule schmecken. Seine Frau nahm rege an der Unterhaltung teil. Dafür verhielt sich der erwachsene Sohn schweigsam und zurückhaltend. Günter Grass und Ernst Bloch waren guter Stimmung, verstanden sich ausgezeichnet, und der Koch konnte von dem großen Mann ein dickes

164

Lob einstecken für seine Gänsebratenkunst. Die Kinder und ich haben dem übrigen Gespräch und den Erzählungen Blochs voller Spannung zugehört. Wir hatten alle hochrote Köpfe. Viele Einzelheiten habe ich mir nicht gemerkt. Nur so viel blieb mir in vager Erinnerung: Zum Gänsebraten waren kandierte Maronen auf Rotkohl serviert worden und Bloch brachte plaudernd zuerst Karl Marx, später auch Karl May und am Ende sogar Hänsel und Gretel mit unserer Mahlzeit in Verbindung. Daran hatten die Großen und die Kleinen gemeinsam ihren Spaß.

Der Schriftsteller verreiste wieder, diesmal für einige Tage nach Zürich. Seine Frau ging an zwei Abenden ins Theater des Westens, wo Margot Fonteyn und Rudolf Nurejew tanzten. Drei Vorstellungen waren insgesamt auf dem Programm, für die dritte hatte Anna keine Karte im Voraus. Sie wollte aber auch dieses Ballett gerne sehen. Das weltberühmte Paar auf seiner Abschiedstournee. Und mir wollte sie ebenfalls die Chance dazu geben.

In der Eingangshalle drängten sich die Menschen, und glückliche Kartenbesitzer gingen gleich in den Zuschauerraum. Alle übrigen hofften, trotz ausverkauften Hauses, irgendwie doch noch Glück zu haben und eingelassen zu werden, vielleicht mit einer zurückgegebenen Karte. Frau Grass und ich stürzten uns mit ins Gewühl, versuchten, zur Theaterkasse vorzudringen, wo jedem versichert wurde: »Ausverkauft!«

Dann wurde die Kasse geschlossen. Es ging dem Vorstellungsbeginn entgegen. Die Menschen in der

Halle ließen sich nicht abschütteln. Frau Grass sagte: »Warten Sie hier an der Seite. Ich versuche es noch mal da drüben bei dem jungen Mann, um den sich die Leute drängen. Vielleicht gibt der ja Karten zurück.«

»Das wäre ein Glücksfall, wo sich so viele darum reißen ...«

»Warum können wir denn nicht so mit rein und irgendwo hinten stehen?«, baten einige junge Leute.

»Ja! Oder auf den Stufen in den Gängen sitzen!? Das darf man in Paris und woanders auch.«

»Wir wollen doch nur die Tänzer sehen, auch ohne Sitzplatz!«

Anna winkte mich heran. Sie gab ihren Platz bei dem jungen Mann nicht auf.

»Ich glaube, der hat noch eine Karte«, sagte sie leise. »Wenn ich das richtig verstanden habe, als jemand wieder nach zwei Plätzen fragte, da sagte er, es täte ihm leid, es sei ausverkauft, und er habe nur einen einzigen zurückgegebenen Platz. Mal sehen, ob ich wenigstens die eine Karte bekommen kann. Dann können Sie gehen und sich ›Giselle‹ anschauen.«

»Das wäre ja so schön! Aber Sie wollten es doch sehen!«

»Ach, das macht nichts. Ich habe die beiden anderen Vorstellungen genossen. Ich finde, Sie müssen das unbedingt erleben, weil das einfach großartig und außerdem einmalig ist.«

Damit drängte sie wieder näher hin zu dem Mann. Und wie sie zuvor schon versucht hatte, ihn zur Herausgabe der einzigen Karte zu bewegen, konnte ich jetzt wieder sehen, wie sie mit ihm sprach – in einer etwas von den anderen abgewandten Haltung. Sie zog wohl die letzten Register. Dann kam sie zu mir zurück, steckte mir die Karte unauffällig zu und sagte: »So etwas tue ich sonst nie. Ich habe gesagt, dass ich Frau Grass bin, und daraufhin erhielt ich heimlich die Karte. Also, nun gehen Sie schnell und genießen Sie es!«

Ich lernte, den Unterschied zu erkennen zwischen dem, was üblicherweise Ballett heißt, und dem, was Tanzkunst in wirklicher Vollendung ist. Es war das Eindrucksvollste und Schönste, was ich während meines Berlinaufenthalts erlebt habe.

Winter

Die Vorweihnachtszeit unterschied sich kaum von den übrigen Wochen des Jahres. Bemerkenswert war lediglich ein Adventskranz, der auch in diesem Haus nicht fehlte und den Anna Grass am Nachmittag vor dem ersten Advent aus Tannenzweigen selbst zusammenband. Solange es sie interessierte, schauten die Kinder dabei zu.

Weihnachtliche Basteleien, für die es mir nicht an Ideen mangelte, waren nicht gefragt. Und außerdem blieb kaum Zeit dafür, weil Franz und Raoul Stunden um Stunden benötigten, in denen sie sich lustlos und widerwillig mit ihren Schulaufgaben abquälten. Dann war der Nachmittag vergangen und vielleicht gerade noch ein Weilchen zum Spielen übrig, während ich schon wieder damit beschäftigt war, das Abendessen vorzubereiten. Ich bedauerte diese wenig betonte Vorweihnachtszeit. Es fehlte mir all die erwartungsvolle Stimmung, wie ich sie von meinem Zuhause kannte, obwohl mir bewusst war, dass ich hier nicht Gleiches erwarten konnte.

Ich habe auch während der Grass'schen Zeit einige Tage Weihnachtsferien zu Hause verbracht. In der Familieninsel, denn wie eine solche kam es mir dort vor. Sicher, geborgen und doch keinesfalls weltfremd.

Noch vor Weihnachten zogen Härters aus. Sie hatten endlich eine passende neue Wohnung gefunden. Weil die Wochen und Monate mit ihnen gemeinsam so harmonisch verlaufen waren, fehlten sie uns zunächst, und ein leeres Gefühl kam auf, wie das meistens ist beim Abschied von guten Freunden.

Für Härters selbst überwog das Gefühl der Erleichterung, nun wieder in ein eigenes Heim einzuziehen und nicht unendlich Gastfreundschaft in Anspruch nehmen zu müssen. All ihre Habseligkeiten wurden in ein Auto gepackt und in die neue Wohnung geschafft. Zum Ausgleich kam ihr altes Klavier in Grassens Haus, für das sie selbst nicht genug Raum hatten. Es erhielt seinen Platz im Kinderzimmer, wo Anna Grass und ich eines Abends versuchten, vierhändig Musik erklingen zu lassen.

Soweit es Frau Grass betraf, ging das gut. Aber mit mir zusammen war es ziemlich hoffnungslos. Obwohl ich jahrelang Klavierunterricht gehabt hatte, war ich unfähig zu spielen, sobald jemand aufmerksam zuhörte oder mich beobachtete.

Rechtzeitig zum Jahreswechsel war ich aus meinen Weihnachtsferien zurück in Berlin. Franz und Raoul waren krank, sie hatten die Masern, Laura zunächst nur eine Erkältung. Einzig Bruno war mopsfidel. Er hatte vorbeugend eine Spritze bekommen, um von dieser Kinderkrankheit noch verschont zu bleiben.

Frau Grass war recht froh, dass ich wieder da war. Außerdem sollte Silvester im Kreis von Freunden zünftig begangen werden, wozu Anna und Günter Grass auch mich offiziell einluden.

Kisten mit Wein und Bier waren am Tag zuvor geliefert worden. Darum stand ich bald im Keller, um Flaschen auszupacken und im Regal zu verstauen. Der erste Schwung Gäste war zu einem warmen Abendessen eingeladen. Küchenchef Grass wirkte in seinem Reich. Der leckere Duft eines Wildbratens zog schon unter der Küchentür hindurch. Anna kümmerte sich um den Fischsalat, unsere Vorspeise. Ich kochte den Kartoffelbrei und raspelte den frischen Rotkohl. Eine Vanillecrème mit Rumfrüchten gab es zum Dessert.

Anna versorgte die Kinder, bevor die ersten Gäste eintrafen.

Ich hatte den Tisch gedeckt und kam zurück in die Küche, wo der Hausherr gerade dabei war, den Rotkohl abzuschmecken.

»Wollen Sie auch probieren?«

Er reichte mir den Löffel mit einer Kostprobe.

»Hmm, schmeckt sehr gut«, sagte ich ehrlich.

»Ja, ich glaube, den können wir so lassen«, meinte Herr Grass mit zufriedener Miene, die zu sagen schien: Der Rotkohl schmeckt wirklich ausgezeichnet, habe doch selber probiert.

»Außerdem kann ich gut kochen. Besser als manche Hausfrau!«

Dass er damit richtig lag, brauchte von mir keine Bestätigung.

»Jetzt bekommen Sie einen Schluck zu trinken, bevor es losgeht. Wie wäre es mit einem Sherry?«

»Oh, ich habe noch nie einen getrunken!«

»Versuchen Sie es mal.«

Damit war er zur Küchentür hinaus und gleich wieder zurück mit der Sherryflasche und zwei Gläsern.

»Also dann, Prost! Na, mögen Sie das?«

Der erste Sherry meines Lebens schmeckte mir wirklich gut, sogar ganz ausgezeichnet.

Das Telefon klingelte. Er nahm den Hörer ab.

Eine Bekannte rief an, und seinen Worten war zu entnehmen, dass sie auch gern zur Silvesterfeier kommen wollte. Ich staunte, und nicht zum ersten Mal, wie wenig Hemmungen die Leute hatten, sich selbst einzuladen.

In dem Moment kam Anna die Treppe herunter.

»Du, die Soundso hat gefragt, ob sie auch kommen darf heute Abend. Aber ich habe gesagt, sie soll dann später kommen. Jetzt, zum Essen, das geht nicht.«

»Ja, der Tisch ist besetzt, da ist kein Platz mehr.«

»Und wenn wir sie kommen lassen, wollen andere bestimmt auch noch.«

»Nein, ich finde auch, es ist früh genug, wenn sie nach dem Essen kommt.«

Für den späteren Abend wurden sowieso noch weitere Gäste erwartet.

»Günter, du hast hervorragend gekocht!«

»Wirklich, es schmeckt köstlich!«, ließ sich ein anderer vernehmen.

»Den Kartoffelbrei hat Margarethe gekocht. Sehr gut! Ist kein einziges Klümpchen drin!«

Das Lob war nett gemeint, mir aber vor versammelter Mannschaft unangenehm. Und ich bekam prompt mal wieder meine leuchtend rote Gesichtsfarbe. Denn

bei all dem guten Essen nur für den Kartoffelbrei geehrt zu werden, fand ich eher lächerlich. Zumal ich
sonst täglich die komplette Mahlzeit auf den Tisch
brachte. Die Personen, die hier versammelt waren,
wollten doch nur Herrn Grass ausdrücklich loben und
nicht die kleine Praktikantin, wofür auch immer.

Als die Gäste eintrafen, die für den späteren Abend
und die Nacht eingeladen waren, fand man sich im
Wohnzimmer zusammen. Als es zwölf Uhr war, fiel
man sich gegenseitig um den Hals und küsste sich.
Nur ich stand, mich etwas überflüssig fühlend, an der
Seite.

Nach einer Weile waren sich alle begegnet, mit dem
Glas in der Hand, und hatten einander ein glückliches
neues Jahr gewünscht. Frau und Herr Grass vergaßen
mich dabei nicht. Bald darauf verließ ich die Gesellschaft und zog mich in mein Zimmer zurück.

Für mich würde das neue Jahr den Wechsel bringen vom Leben im »Grasshaufen«, so hatte ich es mit
Hanny genannt, zur zielstrebigen Berufsausbildung.

Aber ganz so weit war es noch nicht.

Anna Grass wollte im Frühjahr gemeinsam mit ihrem
Mann für mehrere Wochen nach Amerika reisen und
bat mich darum, noch zu bleiben, so lange es möglich
war. Um gut zwei Monate konnte ich verlängern. Und
ich tat es gern, obgleich das Bedürfnis in mir wuchs,
etwas Neues zu beginnen. Denn hier wusste ich nun,
wie alles lief. Die mir gestellten Aufgaben konnte ich
erfüllen. Aber ich wollte nicht alt werden in der mir
schon in meiner Kindheit aufgedrückten Rolle des

Hausmütterchens, eine Rolle, die sich wohl für das älteste Mädchen von vielen Geschwistern zwangsläufig ergibt.

Franz und Raoul waren nach zehn Tagen wieder gesund. Und damit waren die ruhigeren Zeiten vorbei.

»Heilfroh bin ich, dass Schwester Esther nun bald kommt! Es sind nur noch vier Tage. So lange werden wir's wohl noch alleine schaffen«, hörte ich von Frau Grass.

Und dann kam sie, die neue Kinderschwester.

Von Hanny in der Schweiz war sie über alles Ungewöhnliche vorab informiert. Beide kannten sich aus der Zeit ihrer Ausbildung.

Wir begleiteten Esther die Treppen hinauf. Frau Grass, die Kinder und ich, alle stapften wir hinterdrein bis in das helle, geräumige Zimmer, das ich am Anfang meiner Zeit hier bewohnt hatte. Esther stellte ihren Koffer ab, schaute sich im Zimmer um und sagte mit freundlich strahlender Miene: »Oh, prrrrrima!«, wie man es nur sagen kann, wenn man Schweizerin ist und mit Schwyzerdütsch groß wurde. Ihr »Prima ...« mit schwingendem Akzent und rollendem »r« ist mir bis heute im Ohr geblieben. Später, als wir uns näher kennengelernt hatten, machte sie mir ein Geständnis.

»Als ich am ersten Tag dort oben in das Zimmer kam, dachte ich meinen Augen nicht zu trauen. Da ist ja nichts drin, was es gemütlich machen könnte.«

»Hatte Hanny dir nichts davon erzählt?«

»Doch, schon, also dass es keine Tapeten, Tischdecken und Teppiche gibt. Aber so richtig begreifen kann man das doch nur, wenn man es mit eigenen Augen gesehen hat.«

»Mir fällt das gar nicht mehr auf. Ich habe mich an die Umgebung gewöhnt. Obwohl ich manchmal auch so einen Rappel kriege und denke, jetzt muss ich unbedingt mal wieder etwas Normales, was ich sonst gewöhnt war, um mich sehen. – Aber warum hast du dann so begeistert ›prima‹ gesagt, wenn es dir absolut nicht prima vorkam?«

»Was sollte ich sonst sagen? Wenn man von Leuten hört, die einen bekannten Namen haben, dann stellt man sich deren häusliche Umgebung eben total anders vor.«

»Das dachte ich früher auch. Aber es scheint nicht immer so zu sein.«

»Was glaubst du, was in Stellenanzeigen für Kinderschwestern in Privatfamilien alles geboten wird!? Vom Fernseher im Zimmer bis zum eigenen Bad!«

»Tja, das läuft hier anders. Du kannst das Bad benutzen, so wie die Kinder und ich. Die Eltern Grass haben eines extra. Und den Fernseher kannst du mit in dein Zimmer nehmen, falls du mal etwas sehen willst. Grassens selbst schauen wenig. Frau Grass hatte Hanny und mir das auch angeboten. Wir haben's aber nicht gemacht.

Wenn die Herrschaften nicht da waren, und sie gehen ja viel aus, haben wir uns manchmal unten im Esszimmer davor gesetzt.«

»Ha, auf den harten Stühlen! Das muss aber ein großes Vergnügen sein!«

Bruno mit Schwester Esther

»Du hast für diese Verhältnisse eben schon zu viel am Luxus gerochen.«

»Ist das ein Wunder, wenn man aus der schönen Schweiz kommt?«

Esther war hübsch. Sogar auffallend hübsch. Und ihr strahlender Blick machte sie sehr gewinnend.

Ihr erster Tag bei Familie Grass verschaffte ihr gleich einen Überblick, wie der Laden lief. Beide Grassens waren vom Vormittag bis zum Nachmittag zur Generalprobe im Theater.

»Die Plebejer proben den Aufstand.«

Die Zwillingsbuben zeigten sich während des Mittagessens von ihrer aktivsten Seite. Es war doch interessant mit einer neuen Kinderschwester, bei der man erst einmal ausprobieren musste, wie lange man ihr auf der Nase herumtanzen konnte.

Da die Kinder mich länger kannten, war es zunächst einfacher, wenn ich sie in den folgenden Tagen zu bändigen versuchte, wenn Grassens nicht zu Hause waren, bis sie sich an Esther gewöhnt hatten und umgekehrt.

Günter Grass hatte einige anstrengende Wochen hinter sich. Besonders die letzten Tage vor der Premiere hatten es in sich, wo er an allen Proben im Schillertheater teilnahm. Und wie das immer zu sein pflegt, werden alle Beteiligten nervös, je näher die Premiere rückt. So auch hier. Der Autor blieb nicht davon verschont.

Zuerst bekam da natürlich der Regisseur den Unmut zu spüren.

»Das nächste Mal führe ich selbst Regie«, sagte Grass an einem dieser Probentage zu seiner Frau.

»›Verlorene Schlachten‹ soll das heißen. Und es wird ein General darin vorkommen, der eine Tochter hat«, sagte er dann mit einem Blick zu mir. »Ich fange das an, wenn ich in Amerika bin.«

Am Abend der Theaterpremiere sah ich Herrn Grass zum ersten und einzigen Mal im vornehmen schwarzen Anzug. Und es war das erste Mal, dass ich den Eindruck hatte, ein Erscheinen vor aller Öffentlichkeit ließ ihn aufgeregt sein.

Es musste wohl das unangenehme Wissen darum sein, dass die Möglichkeit bestand, auf der Bühne ausgepfiffen zu werden. Kritik, die bei der Veröffentlichung eines Romans nicht Auge in Auge, wenn sie schon nicht schonender daherkommt, unbeobachteter entgegengenommen werden kann.

Günter Grass hielt sich während der Vorstellung hinter der Bühne auf und stärkte sich mit kräftigen Schlucken. Wie er sich am Schluss im Kreise der Mitwirkenden vor dem Publikum verbeugte, kann ich mir gut vorstellen – sein schmunzelndes, nicht zu ergründendes Lächeln.

Anschließend gab es eine Premierenfeier bei Günter Grass' Verleger.

Unruhig wanderte Herr Grass im Esszimmer auf und ab, als am Sonntagmorgen im Radio die ersten Worte über sein Stück fielen, gesprochen von Friedrich Luft, dem König der Berliner Theaterkritiker. Anna, Esther und ich hörten gespannt mit.

In nahezu allen Tageszeitungen und im regionalen Fernsehprogramm gab es in den folgenden Tagen das, was die Kritiker über sein Werk zu sagen hatten. Manche äußerten begeisterte Zustimmung, andere fanden kaum ein positives Wort. In dem Stück kreuzt Grass den Aufstand der römischen Plebs aus Shakespeares »Coriolan« mit dem Arbeiteraufstand vom 17. Juni 1953 in der DDR. Der reale Aufstand dringt auf der Bühne in den geprobten Theateraufstand ein. Der Theaterchef weigert sich aber, das ihm vorgelegte Manifest der Arbeiter zu unterzeichnen. Mit diesem »Chef« ist Bert Brecht gemeint, dessen angenommenes Verhalten vom

17. Juni von Grass angeprangert wird. »Ein deutsches Trauerspiel« nennt er sein Stück im Untertitel.

Herr Grass gab Esther und mir Karten für die zweite Aufführung, die gleich am Tag nach der Premiere stattfand. Auch hatte er uns den »Plebejer«-Text geschenkt. Wir konnten das Stück lesen, bevor wir es auf der Bühne erlebten.

Unsere Plätze waren im ersten Rang in der ersten Reihe, mit bester Sicht auf die Bühne. Wir schauten auf Willy Brandt herab, der an diesem Abend unten im Parkett saß.

Brandt war ein alter und guter Freund des Hauses. Ich bedauerte, dass ich ihn nie traf. So symbolisierte allein eine im Speiseschrank dekorativ platzierte Mammut-Champagnerflasche für mich die enge Verbindung zwischen dem Politiker und dem Dichter. Die Flasche war ein Gastgeschenk Brandts gewesen und gemeinschaftlich leergetrunken worden.

Als wir nach Hause kamen, saßen Grassens mit Enzensbergers im Wohnzimmer.

»Na, wie fanden Sie es?«, fragte Anna Grass gleich.

»Das kann man eigentlich nicht mit einem Wort sagen«, meinte Esther zurückhaltend, während wir uns mit in die Runde setzten.

»Möchten Sie einen Slibowitz?« Herr Grass schenkte uns ein Gläschen des hier im Hause bevorzugten Schnapses ein.

»Ich fand es gut, das Stück vorher gelesen zu haben. Sonst hätte ich nur sehr wenig von allem verstanden«, sagte ich.

»Das ist ohne Zweifel hilfreich, weil so verschiedene und doch vergleichbare geschichtliche Situationen auftauchen«, sagte Herr Enzensberger.

»Aber finden Sie es nicht merkwürdig, dass die Handlung sich tatsächlich wendet?«

Um ihre Gedanken erklärender zu formulieren, setzte Frau Grass hinzu: »Ich meine, kommt Ihnen das Geschehen, so wie es auf der Bühne dargestellt wird, ausreichend vor, den Chef dann doch das tun zu lassen, worum er zuvor laufend von den Arbeitern gebeten worden ist?«

Anscheinend war dieser Punkt besonderer Diskussionsanlass gewesen zwischen ihr und ihrem Mann, ehe das Theaterstück veröffentlicht wurde. Vermutlich war es auch Gespräch im Freundeskreis und jetzt mit Enzensbergers.

Günter Grass saß dabei mit seiner typischen wohlwollend-nachsichtigen Miene. Aber er sagte nichts Direktes über sein Werk. Er erklärte nichts, verteidigte nichts, stimmte weder für noch gegen das, was gesagt wurde. Wie immer in solchen Momenten, wusste man nicht, was er selber dachte.

Vielleicht nur: Lass sie denken!

Die Atmosphäre war entspannt.

Und nachdem Esther sagte, ihr sei der Grund, der zur Handlungswende führt, nicht als unvermutet oder gar merkwürdig aufgefallen, gerieten wir immer mehr dahin, das Stück zu zerpflücken, über Details zu reden – allerdings in einer mehr und mehr scherzenden Unterhaltung.

»Aber ich habe den Eindruck, Sie beide«, damit

meinte Frau Enzensberger Esther und mich, »sind noch fähig, ein Stück auf der Bühne so anzunehmen, wie es ist. Damit meine ich nicht kritiklos, sondern einfach das Genießen einer Theatervorstellung. Wenn man erst anfängt, jedes Stück auseinanderzunehmen, dann macht es eigentlich keinen Spaß mehr.«

»Das finde ich auch«, sagte Anna Grass unter Zustimmung aller anderen. »Fangen Sie das lieber gar nicht erst an. Die Gefahr ist zu groß, dass alles zerredet wird, und am Schluss bleibt nichts mehr übrig. Das Gefühl, ein Theaterstück wirklich erlebt zu haben, ist dann überhaupt nicht mehr vorhanden.«

Zwei Tage später reiste das Ehepaar Grass nach Wien. Esther hatte in den wenigen Tagen ihres bisherigen Dienstes im »Grasshaufen« ihre Aufgaben kennengelernt, ich kannte die meinen.

Alles lief gut wie gewohnt. Mühsam war es lediglich mit den Kindern, die aber bald ihre Tricks gegenüber der neuen Kinderschwester ausgespielt hatten.

Trotzdem schrieb ich nach Hause: »Franz und Raoul sind geradezu rotzfrech!«

Frau Grass musste das nicht kümmern. Über den Zeilen einer Ansichtskarte, die sie aus Wien schickte, stand: »Liebe Alle!« Der weitere Text richtete sich natürlich an die Kinder.

»Wenn wir für ein paar Tage aufs Land gehen, um uns etwas zu erholen und nicht die ganze Zeit in Wien bleiben, dann rufe ich an, damit Sie unsere Adresse wissen.«

Sie hatte blindes Vertrauen zu uns. Zu Schwester

Esther, die sie erst wenige Tage kannte, und zu mir, die ich erst siebzehn Jahre alt war.

Nach einer Woche war Herr Grass wieder da, zog für jeden ein Mitbringsel aus seinem Gepäck hervor – das Einzige, das die Kinder am Wiederkommen des Vaters zu interessieren schien – und fügte erklärend hinzu: »Die Mama kommt erst morgen zurück.«

Zu Esther und mir gewandt: »Meine Frau hat in der vergangenen Nacht so schlecht geschlafen, da wäre sie zu erschöpft gewesen für die lange Bahnfahrt. Deshalb haben wir beschlossen, dass sie einen Tag später kommt.«

Eine Halsentzündung nach der anderen machte mir das Dasein sauer. Raoul las immer noch allmorgendlich auf der Kakaodose »in warme und kalte Milch«. Und ich empfand das ganze Haus als einen unmöglichen Kasten, sicherlich unterstützt durch Esthers noch frischen, gewohnt-verwöhnten Blick dafür, wie man seine Umgebung wohnlich einrichten kann.

»Also, das ist etwas, was ich einfach nicht verstehe, wenn die finanziellen Möglichkeiten gegeben sind. Es ist doch nicht wie bei armen Leuten!«

»Muss wohl etwas mit dem Geschmack zu tun haben.«

»Und ihnen sind andere Dinge wichtiger, was wahrscheinlich auch sein Gutes hat.«

»Außerdem sind sie viel unterwegs, wie du inzwischen gemerkt haben dürftest. Haben tausend andere Dinge vor Augen. Nur wir müssen die meiste Zeit in der Bude hier zubringen.«

»Na, dann genieß es noch«, sagte Schwester Esther ironisch. »Du bist nun die längste Zeit hier gewesen.«

Mein Anti-Grasshaufen-Koller verging schnell wieder.

Wenn auch aus anderen Gründen, so hatte Günter Grass ebenfalls die Nase voll von allem. Kurzerhand sagte er Mitte Februar eine Reise nach Amerika ab und vertagte die Lesungen an einer Universität in den Staaten auf einen späteren Zeitpunkt, wenn er zusammen mit seiner Frau kommen würde. Gerade rechtzeitig zur Tagung der Gruppe 47, die diesmal ebenso in den Vereinigten Staaten stattfinden sollte.

Er entschuldigte seinen Entschluss mit der Begründung, zu abgearbeitet zu sein nach den anstrengenden Probenwochen für das letzte Theaterstück und allem anderen Drum und Dran. Dann verschwand er für einige Wochen von der Bildfläche. Bei einem Freund in Holland wollte er in aller Ruhe zur Feder greifen.

Die einzige Person, die niemals derartige Stimmungsschwankungen zu erkennen gab, war und blieb seine Frau.

Esther meinte einmal zu mir: »So etwas gibt es doch gar nicht, dass jemand immer ausgeglichen ist und nie schlecht gelaunt.«

»Ich kenne Frau Grass nicht anders. Und wenn sie deprimiert ist, was sie zum Beispiel bestimmt war, als sie damals nicht mit nach London flog, dann lässt sie das nicht an anderen Menschen aus. Ich finde, das ist sehr wohltuend.«

182

»Vielleicht könnte ich auch so sein, wenn ich es so gut hätte. All die Freiheiten und Möglichkeiten. Aber wahrscheinlich muss davon doch schon etwas im Menschen drinstecken«, mutmaßte Esther.

Bevor er abreiste, folgte Günter Grass noch einer Einladung zum Fasching, wo er gemeinsam mit Anna hinging. Esther war damit beschäftigt, die Kinder ins Bett zu bringen.

Anna kramte auf der Suche nach etwas Faschingstauglichem oben auf dem Flur im alten Kleiderschrank herum.

Rot-weiß geringelte Strümpfe hatte sie schon angezogen.

Und bevor Günter Grass im Schlafzimmer verschwand, um entsprechend zünftige Kleidung anzulegen, kam er, um den Kindern eine gute Nacht zu wünschen.

»Wo gehst du hin, Günter?«

»Zum Faschingfeiern, Franz, weißt du, Karneval.«

»Und wie verkleidest du dich?«

»Mal sehen, ob die Mama etwas finden kann zum Anziehen für mich.«

»Aber was Lustiges muss das sein, Vater!«

»Ja. Hast du 'ne Idee, Raoul?«

»Nee, eigentlich weiß ich grad keine gute.«

»Na, dann schlaft mal schön! Gute Nacht.«

»Günter, Günter, zeig uns noch, wie du aussiehst!«

»Ach, das erzähl ich euch dann morgen.«

»Ooch, schade«, klang es enttäuscht, während er das Zimmer verließ, um zu Laura hinüberzugehen.

»Beim letzten Mal, als wir zum Karneval gegangen sind, habe ich mich als Küchenmamsell verkleidet«, erzählte Herr Grass Esther und mir.

»Zwei dicke Apfelsinen habe ich aneinandergebunden und um meinen Hals gehängt, sodass es hier vorn wie ein schöner wogender Busen aussah.« Und zur besseren Veranschaulichung hielt er die Hände vor seine Brust, gerade so, als ob darin die dicken Apfelsinen ruhen würden und auf und nieder wippten. Man konnte ihm ansehen, wie viel Spaß es ihm machte, uns das zu erzählen.

»In meine Schürzentasche steckte ich geschälte Knoblauchzehen. Und dann habe ich immer die hübschen Damen mit freiem Rücken aufgefordert und ihnen den Rücken beim Tanzen liebevoll mit Knoblauch eingerieben.«

Und er lachte vergnügt, ein bisschen listig, während Schwester Esther und ich recht froh waren, nicht auch unter denen gewesen zu sein, die sich sicher besonders geehrt gefühlt hatten, von ihm zum Tanz gebeten worden zu sein, und bevor sie sich etwas darauf einbilden konnten, hinterrücks eine duftige Abreibung erhielten.

Solch phantastische Faschingsideen kamen aber auch Herrn Grass nicht jedes Jahr neu in den Sinn. Diesmal legte er eine harmlosere Verkleidung an. Jedoch zeigten weder er noch seine Frau sich den Kindern und uns im Karnevalskostüm, sondern sie beeilten sich, aus dem Haus zu kommen, den Mantel übergezogen, und nur die Ringelstrümpfe lugten darunter hervor. Vielleicht hatten sie Bedenken, wir würden über sie lachen. Schade, wir hätten gern das Vergnügen gehabt.

Es könnte nun der Eindruck entstehen, Günter Grass wäre überwiegend lustig und humorvoll gewesen und hätte stets das für ihn typische schmunzelnde Schnauzbart-Lächeln gezeigt. Das wäre jedoch ein Irrtum. Zu Hause war er meistens ernst.

»Dass auch gerade heute die Sonne scheinen muss! Da sieht man genau, wie ungeputzt die Fenster im Esszimmer sind.«

Frau Grass kam unruhig vom Wohnzimmer in die Küche.

»Hoffentlich schaut Ihre Mutter nicht so auf die Fenster! Jetzt schaffen wir das doch nicht mehr, sie zu putzen.«

»Aber Frau Grass, da kennen Sie meine Mutter schlecht. Die ist froh, wenn sie sieht, dass es bei anderen Leuten auch nicht überall blinkt und glänzt. Es ist anders bei uns zu Hause, aber pingelig ging es dort noch nie zu.«

»Wirklich nicht? Ich denke immer, da ist alles picobello!«

»Ha, das ist doch gar nicht möglich bei dem großräumigen Haus und mit sieben Kindern!«

»Ja, das ist auch wieder wahr«, überlegte Frau Grass, immer noch etwas unsicher.

Bis zu diesem Zeitpunkt hatte ich nicht geahnt, dass Anna Grass sich überhaupt mit typischen »Hausfrauenkrankheiten« befassen würde.

Meine Eltern waren für mehrere Tage in Berlin. Frau Grass hatte sie zum Mittagessen eingeladen. Mein Vater saß auf dem Platz des Hausherrn, der noch nicht aus Holland zurück war. Er munterte Laura auf, noch ein bisschen von ihrem vollen Teller zu essen, denn trotz aller Bemühungen von Kinderschwester und Mutter lehnte sie sich fingerlutschend in ihren Stuhl zurück.

Wollte sie gefüttert werden? Bestimmt wollte sie die Aufmerksamkeit der Tischrunde auf sich lenken. Aber füttern ließ sie sich dann doch lieber von der Mama als von dem fremden Mann an ihrer Seite.

Nach dem Essen saßen wir im Wohnzimmer beisammen. Ich fand die Unterhaltung schrecklich langweilig und dachte, Frau Grass müsste sich doch ebenfalls langweilen, als wir uns über Jugendgruppen und die damit verbundenen Probleme unterhielten. Vielleicht kam mir das auch nur so vor, weil über derartige Themen hier im Hause kaum diskutiert wurde. Wahrscheinlich weil die Kinder noch zu jung waren, um selbst an Jugendgruppenunternehmungen teilzunehmen und damit verbundene Probleme noch nicht mit ins Haus brachten. Außerdem wurde sonst in einem anderen Stil Unterhaltung geführt, weniger intensiv das Thema ausgeschöpft und dennoch im Detail, unterschiedliche Themen, was ich alles wiederum nur von den Gesprächen sagen kann, die ich miterlebt habe.

Vielleicht hatte ich mich in diesem Jahr doch schon eingelebt in den grasseigenen Gesprächsstil. Und wie mir schien, hatte auch Frau Grass keine Idee, die für Gesprächsstoff taugte, was ja auch schwierig ist mit Personen, die man wenig kennt und die aus einem anderen Milieu kommen.

Im März kam für einige Tage meine Schulfreundin zu Besuch. Sie wollte Berlin kennenlernen, und Anna Grass bot großzügig an, sie währenddessen mit im Haus wohnen zu lassen. In meinem Zimmer stand noch Hannys Bett. Somit war die Unterbringung kein Problem.

An zwei Tagen hatte ich nachmittags frei, und wir konnten glücklich gemeinsam losziehen, um Berliner Luft zu schnuppern. Als wir stolz von unseren Unternehmungen zurückkehrten und unter anderem erzählten, genüsslich Berliner Weiße mit Schuss getrunken zu haben, hatte Herr Grass nur ein mitleidiges Lächeln übrig. Er schüttelte sich bei dem Gedanken an »das süße Zeug«, so wie ich mich schüttelte beim Gedanken an sein bitteres Bier.

Noch ein Frühling

Geplant waren eine Reise und ein Aufenthalt in der Schweiz, aber organisiert oder vorbereitet war nichts. Sicher war lediglich, drei Wochen vor diesen Ereignissen, dass Herr und Frau Grass nun wirklich für einige Monate in Amerika sein wollten. Die jungen »Grässer«, Kinderschwester und Haushaltspraktikantin sollten im großen neu erbauten Haus von Annas Schwester Heli in der Schweiz unterkommen.

So stellte Frau Grass es sich vor, so war es mit Heli besprochen. Jedoch war bis zur letzten Minute ungewiss, ob der Neubau überhaupt bezugsfertig würde bis Anfang April. Die Schwester hüllte sich in Schweigen, und Frau Grass machte noch keinerlei Anstalten, irgendetwas für die gewünschte Übersiedelung zu unternehmen.

Die wenigen verbleibenden Tage in Berlin nutzten Esther und ich noch aus, um das Großstadtleben zu genießen, sobald wir frei hatten. Denn Esther hatte, ebenso wie Schwester Hanny, nur ein halbes Jahr bei Familie Grass vorgesehen, das nach Grassens Rückkehr aus Amerika und den anschließenden Sommerferien im Tessin zu Ende ging.

Unser letztes großes Opernerlebnis war »Der junge Lord« von Hans Werner Henze. Mich hat nachhaltig beeindruckt, wie intensiv ich der Musik eines so modernen Komponisten lauschen konnte und sie überhaupt nicht schrecklich fand. Meine Ohren waren doch nur »Klassik« gewöhnt gewesen und Mozart war und ist mein Lieblingskomponist. Überraschend eindrucksvoll hatte mich nun zeitgenössische Musik berührt.

Das Libretto hatte Ingeborg Bachmann geschrieben. Nach dem Hauff-Märchen »Der Affe als Mensch«. Mich hat das Geschehen auf der Bühne fasziniert, und ich erinnere mich noch heute an meine Freude, als sich der Lord, dem alle huldigten, zum Schluss als Affe zu erkennen gab. Wie die eitlen Leute da enttarnt wurden, kannte ich schon aus dem Märchen. Es nun auf der Bühne vertont und gespielt zu sehen – das fand ich unglaublich spannend.

Ich hatte noch einige Urlaubstage und fuhr nochmals nach Hause.

Bei meiner Rückkehr fand ich den Grass'schen Haushalt in einem ziemlichen Durcheinander vor.

»Ach, die Margarethe kommt ja wieder«, so sah es aus.

Frau Grass hatte sich im Eiltempo um die Vorbereitungen des mehr als ein Vierteljahr dauernden Aufenthalts der Familie in der Schweiz zu kümmern. Zur allseitigen Erleichterung kam wenige Tage vor unserer in Aussicht genommenen Abreise die Nachricht: »Das Haus ist einzugsbereit!«

Fahrkarten waren besorgt, die Zwillinge in der Schule abgemeldet und im Voraus in der Schweizer

Schule angemeldet worden. Koffer wurden gepackt, die neue Putzfrau damit betraut, während Grassens langer Abwesenheit dann und wann im Haus nach dem Rechten zu sehen, und ähnlich wichtige Dinge mehr.

Zu allem Überfluss passierte es, dass Raoul unachtsam über die Straße lief und auf dem Kühler eines Autos landete. Glücklicherweise kam er mit einer Beule am Kopf und blauen Flecken an den Beinen nahezu unverletzt davon.

Dann war es so weit. Herr Grass begleitete uns zum Bahnhof. Er machte die Reise am nächsten Tag per Flugzeug. Zusammen mit Schwester Esther und Bruno. Der Himmel war grau und düster, vom kommenden Frühling nichts zu spüren. Es wurde dämmrig, als der Zug aus dem Bahnhof Zoo rollte und die Kinder ihrem Vater vom Fenster aus zuwinkten.

Wir belegten zwei Schlafwagenabteile und wurden auf den alten Gleisen der DDR stundenlang durchgeschüttelt. Mehrmals hielt die Eisenbahn irgendwo auf der Strecke, bis wir zu allerfrühester Tagesstunde von den ostdeutschen Grenzkontrolleuren aus dem mehr dösenden als schlafenden Zustand gerissen wurden. Franz, Raoul und Laura aber verschliefen die überwiegende Zeit der Reise.

In Frankfurt am Main angekommen, blieben uns zehn Minuten zum Umsteigen. Kein Problem für den Normalreisenden, aber auch keines für uns – Frau Grass, die drei Kinder und mich, sechs schwere Koffer, zwei Reisetaschen, drei Rucksäcke. Gut aufeinander eingespielt, saßen wir bald wohlbehalten mit allen gezählten Gepäckstücken in der Eisenbahn Richtung Basel.

»So, das hätten wir prima geschafft«, sagte Frau Grass erleichtert, aber noch ganz außer Atem. »Jetzt freue ich mich aufs verdiente Frühstück!« Und sobald wir das Gepäck bei unseren in der ersten Klasse reservierten Plätzen verstaut hatten, gingen wir in den Speisewagen.

So wurde diese Reise wiederum ein Erlebnis für mich. Denn weder war ich zuvor im Schlafwagen durch die DDR gefahren, noch hatte ich bei früheren kurzen Reisen im kostspieligen Speisewagen etwas gegessen oder getrunken.

In Basel nahmen wir wieder die Kinder ins Schlepptau und die Koffer in die Hand, um den Zug nach Baden zu erreichen. Von dort ging es im Taxi, vollgepackt bis zum Rand, auf das Ziel unserer Unternehmungen zu.

Helis Haus war nicht zu verfehlen. Es war derzeit das Stadtgespräch des kleinen Ortes. Ein Glaskasten, zusammengehalten von dunklem Stahlgerüst, hier und da eine eingelassene Betonwand.

Anna Grass' Schwester kam uns mit offenen Armen entgegen. Mehr kletternd und stolpernd stieg sie über die noch baustellenartige Landschaft rund um das neue Prachthaus. Eine der Wohnungen, in der Mitte des großen Hauses gelegen, war fertig. Anna Grass' Eltern und Schwestern hatten alle notwendigen Möbel zusammengesucht. Wir waren da ja nicht verwöhnt und kannten den Nur-das-Allernötigste-Wohnstil.

Für die vielen Glasfenster waren aus irgendwelchen

alten, scheußlich bedruckten Stoffen Gardinen flüchtig zusammengenäht worden, die von der Decke bis zum Fußboden herunterhingen und uns wenigstens abends vor neugierigen Blicken schützten. Alle vorhandenen Wände waren weiß gestrichen. So hoch die Kinder reichten, blieben sie das nicht lange, wie Esther bald feststellte. Kalter, dunkelroter Steinfußboden überall. Von Teppichen auch hier keine Spur.

Die voll eingerichtete Küche vereinnahmte ich sofort. Allerdings musste ich zu Anfang auf die Jagd nach Küchenmessern, Dosenöffner und ähnlich notwendigen Einzelstücken gehen. Frau Grass brachte am folgenden Tag noch einiges vom Haus ihrer Eltern mit. Ich lieh manches bei Heli aus oder kaufte das für die zusammengewürfelte Haushaltsführung Benötigte noch ein.

Helis große Wohnung, mit einer Wendeltreppe in der Mitte, befand sich im ersten Drittel des Glaskastens. Raoul und ich belegten hier die beiden Zimmer zu ebener Erde, da Franz, Laura, Bruno und Schwester Esther die Schlafräume in der uns zugedachten Wohnung benötigten.

Anna und Günter Grass übernachteten bei den Großeltern und verabschiedeten sich zwei Tage darauf, um erst nach Genua zu reisen und von dort aus mit dem Luxusdampfer »Michelangelo« in Richtung Nordamerika.

Die Kinder zeigten, zumindest äußerlich, kaum eine Reaktion. Sie waren es gewohnt, ihre Eltern fortgehen zu sehen, und so verlief das Abschiednehmen schmerzlos.

192

Die Grass-Familie im Tessin

Die Zwillingsbuben brachten es gerade so eben fertig, dem davonfahrenden Auto nachzuwinken, ohne realisieren zu können, Mutter und Vater ein Vierteljahr lang nicht zu sehen. Allenfalls bei Laura merkte man in den ersten Tagen, dass sie ihre Mama vermisste. Bei Franz und Raoul zeigte sich das nur noch indirekt durch Unartigkeiten. Aber selbstverständlich konnten Grassens beruhigt abreisen.

»Auf Wiedersehen, Margarethe. Es ist sehr schade, dass Sie nur noch bis Ende Juni bleiben können. Sie passten so gut zu unserer Familie. Ich schreibe Ihnen dann bald aus Amerika. Und vielleicht kommen Sie wieder einmal nach Berlin, um uns zu besuchen. Jedenfalls wünsche ich Ihnen alles Gute für Ihre Zukunft. Und schreiben Sie mir, wie es Ihnen dann gefällt in Ihrem richtigen Beruf.«

»Vielen Dank, Frau Grass, und natürlich schreibe ich Ihnen.«

Herr Grass verabschiedete sich in der ihm eigenen Art.

»Hier im Ort gibt es mehrere Pferdeschlachtereien. Eine ist gleich unten an der Ecke. Da müssen Sie unbedingt mal hingehen. Dort bekommen Sie ausgezeichnetes Fleisch. Und dann kochen Sie etwas Gutes!«

Beim bloßen Gedanken daran schien ihm das Wasser schon im Munde zusammenzulaufen. Weil er auf mich bezogen seine Zweifel hatte, ermutigte er mich nochmals.

»Aber gehen Sie auch wirklich dort einkaufen!«

»Na, mal sehen«, sagte ich zögernd und kaufte dann nicht ein einziges Mal Pferdefleisch.

Als Herr Grass das so eindringlich sagte, wurde mir bewusst, dass ich in den folgenden Wochen der alleinige Küchenboss war, weder Hirn noch Kutteln kochen und den Speisezettel lediglich mit Schwester Esther abstimmen musste, was meine Geschmacksrichtung und die der Kinder ohne Schwierigkeiten in Einklang brachte.

Es gab viel frisches Gemüse und weniger Fleisch als sonst bei Grassens üblich.

Mir drang es merkwürdig ins Bewusstsein, dass mit dem Abschied von den Eltern Grass für mich der erste Schlusspunkt gesetzt war, nach zwölf interessanten und erlebnisreichen Monaten in dieser Familie.

Wie die Ostertage für uns verlaufen sollten, hatte Frau Grass noch flüchtig mit Esther besprochen. Aufgrund der vielen Stimmen im Familienchor kam es dennoch zu Missverständnissen.

Tante Heli nahm Laura, Franz und Raoul und ihre Tochter mit zu den Großeltern, während Schwester Esther, Bruno und ich zu Esthers Eltern gingen. Ihr Zuhause war im nächsten Ort, nicht weit von uns entfernt. Auf diese Weise lernte ich noch das Leben in einer typisch schweizerischen Familie kennen, wo die Offiziersuniform beim Eintritt ins Haus für jeden sichtbar an der Garderobe hing, das Gewehr neben dem Spiegel lehnte und die Hausfrau zum Sonntagmittag zarte Kalbsschnitzel in Rahmsoße auf den Esstisch brachte.

Als wir am zweiten Ostertag abends zurückkehrten, war es uns sehr peinlich festzustellen, schon am Tag zuvor erwartet worden zu sein. Heli hatte sich nur auf einen Tagesausflug eingestellt, war mit dem ganzen Kindersegen abends wieder heimgekommen, konnte weder Franz noch Laura in ihre eigenen Betten legen oder zusätzlich benötigtes Essen aus unserer Küche holen, weil wir die Wohnungsschlüssel mitgenommen hatten.

Aber sie rief uns nicht an, sondern bescherte sich und ihrem Mann stattdessen einen maßlos anstrengenden zweiten Ostertag. Besonders Raoul machte ihnen arg zu schaffen. Er sollte während all dieser Wochen überwiegend in ihrer Familie leben, zu Esthers und meiner Erleichterung. Und nun tanzte er Heli auf der Nase herum, denn sie reagierte viel zu gutmütig, weich und nachgiebig. Er war frech zu uns allen. Und was er nicht umgehend bei seiner Tante erreichte, versuchte er dann bei Esther und mir, wo er erst recht keine Chancen hatte. Dann wurde er wütend, tobte, trampelte und verließ laut schimpfend und türknallend das Feld.

»Noch zwei Wochen, dann sind die Frühlingsferien vorüber, und beide Buben müssen in die Schule. Ein Glück!«

»Wird Heli aber froh sein.«

»Und ich erst! Und da werden sich die beiden ganz schön anstrengen müssen. Hier geht es nämlich nicht gerade lasch zu«, wusste Esther.

»Dann bin ich neugierig, was da so auf uns und besonders auf dich zukommt wegen der Schularbeiten nachmittags.«

Es ging wirklich streng zu in der Schule. Die Lehrerin klagte schon nach wenigen Tagen darüber, dass Franz und Raoul völlig aus dem Rahmen fielen und sie mit ihnen nicht fertig würde. Auch der Name Grass half hier nicht weiter.

»Es wundert mich überhaupt nicht bei diesen Kindern, die sich von jeher immer wieder an etwas anderes gewöhnen mussten.«

»Ja, aber sie müssten doch eigentlich besser als andere Kinder gelernt haben, sich rasch und unkompliziert anzupassen«, gab ich zu bedenken.

»Das glaube ich nicht. Wahrscheinlich ist es mehr

Zeugnis der Anna Grass für die Autorin

Zeugnis

Fräulein Margarethe Ameling
hat vom April 65 bis Mai 66
ihr Haushaltspraktikum in
unserer Familie absolviert. Ich
führte sie in alle Hausarbeiten
ein, die sie schnell erlernte.
Schon bald konnte ich Fräulein
Ameling selbständig arbeiten
lassen. Sie verrichtete jede
Arbeit flink, aussergewöhnlich
sauber und mit gleichbleiben-
der Gewissenhaftigkeit. Sie zeigte
besonders beim Kochen und in
Handarbeit grosses Geschick.
Im Umgang mit unseren vier
Kindern zeigte sie viel Verständ-
nis und Verantwortungsgefühl,
so konnte ich ihr auch
den Säugling ab und zu zur
Pflege überlassen.
      Besonders lobend möchte

ich Fräulein Amelungs
selbstverständliche Hilfs-
bereitschaft und ihre freundliche Bescheidenheit er-
wähnen. Durch ihr heiteres
Wesen war sie uns ein
besonders angenehmes
Familienmitglied, das wir
vermissen werden.

Vira-Gambarogno
Juli 1966

Anna Grass

das Gegenteil. Sie können und wollen sich nicht mehr dauernd umstellen und anpassen. Es wird von ihnen einfach zu viel verlangt.«

»Anna Grass ist überzeugt, die Zwillinge seien sehr intelligent.«

»Das mag ja sein, aber sie werden aus positiven Entwicklungsphasen immer wieder herausgerissen, und jeder erwartet, dass sie sich entsprechend umgewöhnen. Aber die wollen dann einfach nicht mehr.«

»Das ist wahr. Wenn ich denke, wie es Franz beispielsweise heute Nachmittag wieder völlig schnurzpiepegal war mit seinen Schularbeiten. Es war ihm zu viel. Er hat einfach alles liegen lassen.«

»Also, ich weiß auch nicht, wie ich ihn dazu bringen soll einzusehen, dass er seine Arbeiten gut und ordentlich erledigen muss«, seufzte Esther.

»Ich bewundere schon immer die Geduld, mit der Frau Grass, Schwester Hanny und jetzt du den Kindern immer und immer wieder erklärt und zuredet, was sie doch bitte tun sollen und was nicht und warum.«

»Na, mein Geduldsfaden ist auch oft ziemlich gespannt.«

»Übrigens hat meine Deutschlehrerin vor einiger Zeit auf meinen Brief geantwortet. Ihr tiefes Mitgefühl gelte allen Lehrkräften, welche sich dieser Wildlinge annehmen müssten.«

»Ah, wo du gerade sagst Mitgefühl. Da fällt mir ein, ich wollte dir noch von der Reise hierher erzählen. Da ist mir zum ersten Mal so richtig deutlich geworden, dass man überhaupt nichts gilt neben einer berühmten Person. Im Flughafen in Berlin, wo die Leute hier und da Herrn Grass erkannten, wurde nur er gegrüßt oder mit Namen angesprochen. Als Frau daneben kommt es einem so vor, als sei man unsichtbar. Und dann im Flugzeug. Herr Grass wird gefragt, ob er dies oder jenes haben möchte. Ihm wird von der Stewardess ein angenehmer Flug gewünscht. Und als Person neben ihm hat man Glück, wenn man nicht völlig übergangen wird. Weil ich Bruno bei mir hatte, wurde ich wahrscheinlich nicht einmal so sehr übersehen, wie das sonst sicher üblich ist. Da hat es Frau Grass bestimmt oft nicht leicht. Ich glaube, auf die Dauer wäre ich recht unzufrieden.«

»Jetzt ist es schon wieder so spät. Und ich habe wieder keine Post erledigt, was ich eigentlich vorhatte. Schluss für heute!«

»Tröste dich, ich auch nicht. Man kommt eben immer wieder ins Quatschen, weil man sich ständig Gedanken macht um diese Familie, ganz ungewollt, wenn man mit und in ihr lebt.«

»Na, dann träum schön vom Grasshaufen. Ich gehe jetzt ins Bett. Dann kann's morgen früh wieder von vorn losgehen.«

Bevor ich die Wohnung verließ, um nebenan in mein Zimmer zu gehen, fiel mir noch etwas ein.

»Du, Esther, sollen wir die Kinder an einen wirklich gedeckten Tisch gewöhnen, mit Tischdecke?«

»Oh ja! Gibt's denn hier eine?«

»Im obersten Fach vom Küchenschrank habe ich eine entdeckt. Vielleicht ist die da aus Versehen hineingeraten.«

200

»Oder auch nicht. Du hast mir doch erzählt, bei Annas Eltern gibt es Teppiche, Tapeten und Tischdecken.«

»Ja, die werden das zu schätzen wissen.«

Selbst über unsere Frotzeleien lachend, sagten wir uns endgültig gute Nacht.

Wenige Tage erst waren seit Grassens Abschied vergangen, als wir in den Nachrichten hörten, ein starker Sturm im Atlantik habe das Luxusschiff »Michelangelo« auf dem Weg von Europa in die Vereinigten Staaten beschädigt. Besonders betroffen sei der Teil des Schiffes, wo sich die Erste-Klasse-Kabinen befanden. Passagiere seien verletzt, eine Person war durch den Aufprall einer Riesenwelle getötet worden.

Annas Eltern versuchten umgehend, Näheres zu erfahren. Wir waren alle erleichtert zu hören: Das Ehepaar Grass ist unversehrt.

Prompt drehte sich aber wieder das Rad der Publicitymühle. Noch bevor der große Dampfer mit zwei Tagen Verspätung in New York vor Anker ging, hatte Günter Grass bereits per Teledraht in mehr als einem halben Dutzend Interviews vom Sturmerlebnis berichtet. Schließlich wollte man die Stimme des prominentesten Passagiers dieser abenteuerlichen Überfahrt hören.

Die Kinder bekamen abwechselnd Ansichtskarten von den Eltern, als diese zunächst im fünfzehnten Stock eines Wolkenkratzers in New York wohnten, was Franz und Raoul aber kaum beeindruckte. Mehr Interesse hatten die Buben für Karten aus Mexiko, die ihr Vater schickte, mit fotografierten Indianern in voller Kriegsbemalung und dem Indianerberg Popocatepetl.

Zur gleichen Zeit wohnte Frau Grass bei Freunden auf einer einsamen Farm, fünf Stunden mit dem Autobus entfernt von New York, von wo aus sie nach mehr als vier Wochen erstmals an Esther und mich schrieb: »Nun ziehe ich doch die von mir gefürchtete Flugreise der Möglichkeit einer solch turbulenten Schiffsreise, wie wir sie erlebt haben, vor.«

Weil Frau Grass eine halbe Erdkugel weit entfernt war, mussten Esther und ich uns mit Annas Schwester arrangieren, die ebenso wie Frau Grass ihre Freiheit liebte und es natürlich unerhört praktisch fand, Raoul und ihre Tochter Agnes ohne Bedenken bei uns abzugeben, wenn sie nach Zürich fahren wollte oder schon nachmittags außer Haus war, um abends ins Theater zu gehen, oder für zehn Tage nach Frankreich reiste.

Dann hatten wir eben fünf Kinder in der kleinen Wohnung. Möglichst noch bei schlechtem Wetter und die Zwillinge damit beschäftigt, Schularbeiten zu erledigen, was für alle Anwesenden zur wirklichen Strapaze wurde.

Aber Esther war eine verantwortungsbewusste Kinderschwester, und man brauchte sich nicht zu sorgen. Auch war es durchaus angenehm, so eine Praktikantin im Haus zu haben, die man, möglichst über Schwester Esther, um diesen und jenen Gefallen bitten konnte. Und alles geschah im üblichen freundlich-singenden Schweizer Tonfall. Konnte man da Nein sagen?

Wenn Esther frei hatte, ging sie nach Hause. Ich hatte die schlechteren Karten und musste allein fertig werden. Halt so, wie ich es aus Berlin gewöhnt war.

Hatte ich frei, fuhr ich nach Zürich oder in die nähere Umgebung, um das gepriesene Schweizer Ländli besser kennenzulernen.

An solch einem freien Nachmittag war Esther inzwischen mit den Kindern in der naheliegenden größeren Stadt gewesen, um Besorgungen zu erledigen.

»Also, Margarethe, dieser Raoul, das glaubst du nicht! Da nehme ich die Kinder mit in die Buchhandlung. Und als ich bedient werde, da fragt der Raoul den Mann laut und vernehmlich: ›Haben Sie auch Bücher von meinem Vater?‹«

Für Esthers friedliches, zurückhaltend schweizerisches Empfinden war das wohl zu vorlaut gewesen.

Einmal kam Hanny uns besuchen und einmal Esthers Freundin. Aber damit hatten sich unsere Abwechslungen auch schon erschöpft.

Und dann war es so weit. Ich packte die Koffer, sagte auf Wiedersehen und empfand den Abschied als unvollkommen. Ähnlich wie in dem Augenblick, als Anna und Günter Grass abreisten und ich bei der »Restfamilie« blieb, konnte ich nun nur von Kindern, Kinderschwester und Helis Familie Abschied nehmen, aber nicht von den Eltern Grass.

Nach Anna und Günter Grass' Rückkehr ins heimatliche Europa bekam ich ein Abschiedsgeschenk, das sie aus Mexiko mitgebracht hatten.

Von Reisen kommend, hatten sie fast immer ein kleines Geschenk für die dabei gehabt, die in der Familie lebten.

Mit diesem Mitbringsel, es war eine handgearbeitete Silberkette in einem bunt bemalten Holzkästchen, war aber etwas anderes in meine Hände gekommen. Es würde nicht in der Reihe beliebiger Andenken stehen, die sich lebenslang automatisch verlängert. Die mexikanische Kette war eine Art Siegel.

Das Geschenk besiegelte den Abschied voneinander. Und es war ein Talisman für die »Haustochter«, die nun begann, sich ihr eigenes Leben einzurichten, ihre eigenen Jahreszeiten zu leben.

... im Rückspiegel

Während meiner Grass-Zeit hatte ich einiges an Geld sparen können. Dies wurde der Grundstock zur Finanzierung meiner kostspieligen Ausbildung.

Zwischen Anna Grass und mir gab es über die folgenden Monate hinweg einen regen und dann über einige Jahre in größeren Abständen einen weiterhin offenen Briefwechsel. So hatte ich noch eine ganze Weile teil an familiären Ereignissen, die mich nach der intensiven gemeinsamen Zeit natürlich interessierten.

Als ich in der zweiten Hälfte der Siebzigerjahre in England lebte, erhielt ich 1978 in anderen Zusammenhängen auch einen Brief von Günter Grass. Es freute mich, dass und was er von Franz, Raoul, Laura und Bruno berichtete. Sehr traurig machte mich aber die Nachricht über seine und Annas Scheidung, die nach vorhergehend siebenjähriger Trennung erfolgt war.

Schwester Hanny und ich sind bis heute freundschaftlich verbunden geblieben. Über all die Jahre haben wir uns gegenseitig stets an den Ereignissen unserer Leben teilhaben lassen. Ich besuchte sie in der Schweiz. Als Mutter von fünf Kindern lebt sie dort inmitten einer großen Familie.

Wenn ich heute, nach vier Jahrzehnten, in Günter Grass' Büchern lese und er Namen von Familienmitgliedern nennt oder auch anderer Menschen, die ich im Grasshaus kennenlernte, dann wird mir die Zeit von damals augenblicklich lebendig. Auf vielen seiner geschriebenen Seiten begegne ich meinen eigenen Erinnerungen.

Den Medien entnehme ich, dass Günter Grass immer noch große Feste feiert. Am liebsten in seiner durch Kinder und Enkel immer größer werdenden Familie. Auf Fotos, die von solchen Ereignissen zu sehen sind, versuche ich sie dann wiederzuerkennen.

Laura – da stelle ich mir zum Beispiel vor, wie sie sich über die Jahre ihren alten, heißen Wunsch nach Jeans ohne alle Widerstände und jederzeit selbst erfüllen konnte.

Oder Raoul, dem das Interesse an Kakaopulver »in kalte und warme Milch« zwischenzeitlich sicher durch die Sehnsucht nach Nutella abhanden kam. Sein Vater lässt in »Mein Jahrhundert« eine Großmutter von »dem Schmierzeug, das wie Schuhcreme aussieht« sprechen.

Der Nobelpreisträger wird diesem Produkt heute mehr denn je die selbstgemachte Kuttelsuppe vorziehen. Er kochte sie sehr gern. Während meiner Zeit nicht allzu oft, glücklicherweise. Ich nannte sie »Geschnetzelte Frotteetücher mit Kuhgeschmack«, diese in Streifen geschnittenen Kuhmägen und das andere, das ich nach seiner Lehre zu so einer Suppe zusammenkochen könnte. Aber ich habe es nie getan und werde dabei bleiben. Schon aus lauter Sorge um meinen bisher guten Ruf als Köchin in der auch sehr großen und gerne feiernden Amelung-Familie. Die kam andererseits durchaus schon in den Genuss von Küchenkünsten, welche ich dem Küchenmeister Günter Grass verdanke.

Mitte der Achtzigerjahre lebte ich mit meiner Familie in Indonesien. Als »Nunya«, als Herrin des Hauses, hatte ich viel Personal. Nicht für die Kinder, aber für Bewachung, Küche, Wäsche, Haus und Garten.

Es war eine Zeit, in der ich oft an Anna Grass dachte, an ihre ruhige und menschliche Art, auch an die Fürsorglichkeit, mit der sie ihre Helferinnen begleitet hat. Für einen direkten Vergleich lagen die Welten zu weit auseinander. Aber indirekt. Ich hatte schon den Ehrgeiz, nun auch die ganz andere Rolle so gut auszufüllen, dass ich mir als Chefin ein vergleichbar gutes Zeugnis würde geben können, wie ich es als Haustochter von Anna Grass bekommen hatte.

Ich habe es damals, glaube ich, geschafft.

Und noch mehr lässt mich so heiter in den Rückspiegel blicken. Das Mädchen – damals – wünschte sich nicht nur Berliner Luft, sondern auch Theaterluft zu schnuppern. Das war gelungen. Und Anna Grass weckte mit ihrem Beispiel andere, ältere Wünsche wieder auf. Ich wollte tanzen!

Seit 1969 erfülle ich mir diesen Wunsch in der Ballettschule bis zum heutigen Tage. Längst habe ich auch eine Ausbildung in meditativem Tanz, der mich begleiten soll, so lange ich mich bewegen kann.

Meine Lust aufs Theater lebte ich später als Laiendarstellerin aus – zunächst tanzend in einer »Drama Group« in England, dann in Indonesien bei den »Jakarta Players« in einer englischsprachigen Rolle. Noch später und für viele Jahre schauspielerte ich auf der recht professionell geführten Bühne des Amateurtheaters Hoisdorf, wo ich bei Musicalaufführungen auch tanzte und sang. Die Theateratmosphäre, die Spannung, wenn das Licht im Zuschauerraum erlischt und der Vorhang sich öffnet, das fasziniert mich immer wieder. Egal ob davor oder dahinter.

Meine fünf Grass'schen Jahreszeiten verdankte ich weder lockenden Hinweisen der Literaturkritik oder eigener Literaturbesessenheit, noch hechelnder Promi-Sucht. Es war Zufall. Die Zeit fiel mir zu. Mit den Werken des Schriftstellers habe ich mich erst danach vertraut gemacht.

Ich hatte als Mädchen ganz einfach das Glück, bei und mit diesen Menschen leben zu können, mit und bei ihnen zu arbeiten. Ohne je zu belehren haben sie mir unmerklich die Augen geöffnet, mit denen ich die Welt anders und neu zu lesen begann.

Nicht, dass ich es genauer definieren könnte. Doch ein winziges Stück tief in mir drin, das stammt von ihnen.